THE **ONE-PAGE** PROJECT MANAGER FOR **EXECUTION**

Drive Strategy and Solve Problems with a Single Sheet of Paper

一页纸项目管理
执行手册

用一页纸推动战略和解决问题

[美]
克拉克·A.坎贝尔
Clark A. Campbell
迈克·柯林斯
Mike Collins

著

杨磊 董轶 王文刚 译

电子工业出版社
Publishing House of Electronics Industry
北京·BEIJING

版权贸易合同登记号　图字：01-2022-2066

图书在版编目（CIP）数据

一页纸项目管理执行手册：用一页纸推动战略和解决问题 /（美）克拉克·A. 坎贝尔（Clark A. Campbell），（美）迈克·柯林斯（Mike Collins）著；杨磊，董轶，王文刚译. —北京：电子工业出版社，2022.12

（项目管理核心资源库）

书名原文：The One-Page Project Manager for Execution: Drive Strategy and Solve Problems with a Single Sheet of Paper

ISBN 978-7-121-44526-2

Ⅰ.①一… Ⅱ.①克… ②迈… ③杨… ④董… ⑤王… Ⅲ.①项目管理—手册 Ⅳ.① F27-62

中国版本图书馆 CIP 数据核字（2022）第 247283 号

责任编辑：袁桂春
印　　刷：中煤（北京）印务有限公司
装　　订：中煤（北京）印务有限公司
出版发行：电子工业出版社
　　　　　北京市海淀区万寿路173信箱　　邮编100036
开　　本：880×1230　　1/32　　印张：5.75　　字数：125千字
版　　次：2022年12月第1版
印　　次：2025年5月第4次印刷
定　　价：69.00元

凡所购买电子工业出版社图书有缺损问题，请向购买书店调换。若书店售缺，请与本社发行部联系，联系及邮购电话：（010）88254888，88258888。

质量投诉请发邮件至zlts@phei.com.cn，盗版侵权举报请发邮件至dbqq@phei.com.cn。

本书咨询联系方式：（010）88254199，sjb@phei.com.cn。

多年前，我曾为项目管理专业学生教授EMBA课程。每隔一周的周末，我都会开一次班会，选两位学生，他们要竭尽全力准备一份向管理层汇报的项目状态报告。在第一次班会上，有两位学生自告奋勇（希望"早点解脱"）组成第一组，准备在下次班会上提交项目状态报告。

在第二次班会上，这两位学生向每位同学发了一份15页的项目状态报告。然后，我跟在他们身后，收回了所有报告，当着全班同学的面将报告扔进了垃圾桶。准备报告的两位学生非常不安。我告诉他们，下次班会时再重新准备一份报告，如果内容多到要用订书钉或回形针固定，我还会直接把报告扔掉。

故事的寓意很明显：管理层已经忙到没有时间读桌上的文件，为何还要给他们提供过多的信息？他们要么不会读，要么得拿"显微镜"从中找错误。管理层只想要两个问题的答案：项目的进度怎么样了？项目什么时候结束？难道一页纸的内容还不足以回答这两个问题吗？本书鼓励人们这样做，使一页纸项目管理成为项目管理的方法之一，这可以简化并改善项目沟通，尤其是与繁忙的管理层之间的沟通。

——哈罗德·D. 柯兹纳博士
国际学习研究院高级执行总监

克拉克·A. 坎贝尔填补了公司管理层与项目经理或项目集经理之间长期存在的空白，并在二者之间架起了沟通的桥梁。一页纸项目管理成功地将公司战略与项目管理一线人员联系起来。

——丹尼斯·R. 彼得森博士，PMP
里程碑管理咨询有限责任公司总裁兼首席执行官

沟通是项目管理过程中最重要的一个成功因素。在过去的26年里，我曾在6家高科技公司担任首席信息官。由于这些经历，我观察过许多成功与失败的项目，包括我参与的非常成功的、金额高达3000万美元的ERP项目。在项目中，我就用到了本书阐述的方法，它确实有效！该方法化繁为简，能帮助人们准确客观地评估，而且所有事项都可用一张纸列明——即便是最忙的管理者，也可以并一定能看完。

——大卫·C. 伯格
IBM、优利系统公司和太阳微系统公司前首席信息官如果要同时管理多个项目，你需要了解以下困境（问题）：对于如何能快速、准确且可靠地跟踪项目进程，肯定有更好的方法，但找到并学习这一方法的过程势必会乏味、代价不菲或复杂。本书恰好解决了这些问题。

——弗兰克·卢比

《为利润而管理，而不是为市场份额》作者，哈佛商学院出版社、西蒙顾合战略与营销咨询有限公司合伙人

管理大项目时，项目经理很容易迷失在繁杂如沙的细节中，等醒悟过来时，才发现自己在不重要的问题上浪费了宝贵的时间。在本书中，克拉克·A. 坎贝尔呈现了保持项目进度的绝佳工具，使那些需要关注的重要问题一目了然。对于需要了解项目状态信息的管理者而言，这是最好的组织级解决方案。

——泰勒·兰德尔博士

犹他大学大卫·伊柯丽斯商学院教授

最初翻阅本书，觉得讲述的似乎是如何制作"仪表盘"图表来跟进重要项目，但很快，读者就会发现书中的内容远不止于此。克拉克·A. 坎贝尔是一位经验丰富、才华出众的项目经理，他总结的方法极大地提升了项目在预算内按时完成目标的可能性，并在项目管理实践中得到验证。不仅如此，该方法还提供了简明、直观且令人信服的一组步骤，以

确保有能力的负责人能够实现预期目标，并在项目管理过程中得到支持、指导和关注。经证实，对于想要学习、运用有效的项目领导力技巧与工具的学生和项目管理从业人员而言，这一方法是格外有益的。

——斯蒂芬·C.惠尔莱特博士

贝克基金教授，哈佛大学高级副院长、出版业务总监

这是我见过的体现项目管理本质最有效的方法，既不过于复杂，也不过于肤浅。对于有经验的项目经理而言，这无疑是在快速、生动、持续的沟通中所采用的方法。尽管多年前并没有这种方法——颇令人遗憾，但现在它的出现还是令我感到欣慰。显然，这一方法可以为组织节省关键资源。

——保罗·杰默拉德博士

智力资产公司总裁，加州理工学院讲师

2003年，当坎贝尔先生第一次来北京讲课时，一页纸项目管理的思想就开始为中国的项目经理提供帮助了。本书内容简洁，令人印象深刻，应用范围十分广泛。一页纸项目管理的方法易学好用，坎贝尔先生清晰的沟通思路也给人留下了深刻的印象。每一位想要提升项目业绩，准确描述项目内容并高效办事的项目经理都应阅读本书。

——乔纳森·H.杜博士

中智源培训有限责任公司CEO

全面精益管理需要精益化的沟通。克拉克·A. 坎贝尔和迈克·柯林斯在本书中提供了一种强大而简单的沟通工具。获得新乡奖的泰纳公司是北美排名前3%的精益公司。公司独树一帜，将OPPM和丰田A3报告管理方法结合起来，产生了独有的持续改进效果。泰纳公司为赢得市场地位并实现利润增长而实施了这种策略，在某种程度上，其效果得到了有力证实。

——罗斯·E. 罗伯森博士
DnR精益有限责任公司战略创始人与执行董事，
新乡奖前总监和总裁

译者序

　　如今，我们不得不面对各种全球化的现实问题。近两年突然而至的新冠肺炎疫情给人们带来了巨大冲击，全球公共卫生问题凸显。同时，全球人口的高速增长及老龄化，以及生态破坏、环境污染、能源危机、资源和粮食短缺等众多问题交织在一起，对人类的生存和发展提出了严峻挑战。

　　在非洲、中东、东南亚及中南美洲，发展中国家正在迅速崛起，新兴的城市经历着大刀阔斧的建设，涉及交通、通信、电力、能源和用水等基础设施。为了解决全球各个国家、地区、行业和领域所面临的诸多问题，许多公司、组织和机构都在积极寻求变革与转型。项目领导者也正在通过一个个项目，塑造着世界的面貌，应对生存和发展的危机。

　　项目管理所处的环境已发生根本变化。在"项目经济"时代，整个世界都在朝项目化的方向发展，世界级的难题带来诸多挑战，将影响很多公司。尤其在交付和运营方面，都将发生战略性转变。作为项目领导者，你将如何以实际行动来帮助组织、行业、社会、国家和世界来应对人类共同的问题？

作为全球最具影响力的项目管理组织，PMI在2019年发布了PMP认证考试的最新版考纲（在中国，新考纲于2022年3月正式启用），与新考纲有着密切联系的《PMBOK®指南》（第7版）也在2021年正式出版（英文版）。不同于以往版本的增量式修订，《PMBOK®指南》（第7版）的改变是颠覆性的。无论是考纲还是《PMBOK®指南》，都不再以传统的延续了几十年的"五十矩阵"作为理论框架。在2019版新考纲中，提出了项目领导者需要关注的三大领域：过程、人和商业环境。《PMBOK®指南》（第7版）则采用了全新的基于"原则"和"绩效域"的框架结构。这些都反映了VUCA和"项目经济"的时代特点，也是对项目管理高屋建瓴的思考和与时俱进的创新。

PMI认为，随着项目所处环境的迅速变化，全球市场的竞争日益激烈，这要求项目领导者要具有一双"慧眼"——能够时刻洞察组织内外复杂的环境。同时，还要具有一个智慧的"头脑"——能够从战略视角统揽全局，平衡项目的商业价值和全球干系人的期望，充分考虑可持续发展，做出负责任的决策，珍惜有限的资源，保护共同的环境，成为一个勤勉、尊重和关心他人的"管家"。除了专注于项目的三重约束和项目的目标，我们更应对世界保持足够的敏感，对民生保持充分的关切。正如《PMBOK®指南》（第7版）所强调的："项目由人实施，并且为人实施。"做项目要依赖"人"，是为了"人"而创造一个更加美好的世界和未来。

在某种程度上，《PMBOK®指南》（第7版）的这次改版甚至会引发项目领导者在精神层面的自我重塑——我们对世界和未来的愿景、价值观、原则、行动和实践，使我们以全新的思维和视角改变生活、工作、实施项目和看待世界的方式，这对个人的职业发展路径、自我品德修养都将具有深远的影响。

本书是"一页纸项目管理"系列丛书中的一本，也是一本广受好评的畅销书，可以帮助我们更好地理解"人"和"商业环境下的战略部署"。

- 通过完整的实战案例，本书展示了如何只使用一页纸（一份项目报告，简称OPPM），就能够把组织战略规划付诸实施，确保在公司、业务职能部门和团队三个层级落实战略部署。这三个层级类似于大脑、器官和细胞，每个层级都无法"指示"下一个层级的具体行动，然而所有层级能够"统一"思想和行动，共同努力，实现组织的战略目标。OPPM是一个出色的沟通工具，以非常简练的方式，反映问题或改进工作的本质。

- 本书的另一个重点内容是，通过多个实战案例指导人们使用OPPM来解决实际问题，从而有效推进变革。在解决问题的过程中，强调了持续改进的精益思想，强调了对"人"的尊重。组织对个人的最高形式的尊重是，为其提供成长和学习的机会——这与《PMBOK®指南》（第7版）中对"人"的重视不谋而合。

本书通过丰富的实战案例，诠释了PMI所倡导的战略思维和人文关怀的理念。如果说《PMBOK®指南》（第7版）给出了理论框架的"骨骼"，本书则为相关内容增加了"有血有肉"的实战场景。

最后，感谢电子工业出版社为我们提供了本次翻译的机会。最终的完稿是现代卓越项目管理团队共同努力的成果，在此要感谢参与本书翻译的杨磊先生、董轶女士、王文刚先生、崔志燕女士（全程组织协调），以及为翻译工作做出支持的电子工业出版社、现代卓越集团的各位朋友们。

2022年2月28日于北京

推荐序一

克拉克·A.坎贝尔是我20多年来的朋友和同事。我们在足球场看球时相识，然后一起开车旅行，一起教育我们的孩子。我与克拉克共度了11个感恩节假期，一起经历了与足球有关的长途旅行，我逐渐开始欣赏他的分析能力和管理能力，他能持续寻找更好的方法来管理一般事物和具体项目。

有一天，我接受了他的邀请，参观了他指导新建的一家工厂。这也是我第一次接触OPPM，克拉克·A.坎贝尔的讲解充满热情，让我对这个一页纸体系的简约、广泛和包容性印象深刻。鉴于我们多年的相互了解，我对克拉克能找到这么好的方法来跟踪项目进程和建立问责机制并不惊讶。

在发展OPPM方法的同时，我进入政府部门工作，最终加入了迈克·莱维特的团队。迈克·莱维特先后三次连任犹他州州长，后来担任美国国家环保局局长和美国卫生与公众服务部部长。起初，我在他任州长时的办公室工作，后来一直担任他的事务官。以下2个指标有助于解释美国卫生与公众服务部的规模和范围：拥有超过67 000名员工、超过7 000亿美元的联邦预算。甚至可以说，该机构是世界上第四或第五大经济体。

从某种角度上说，事务官是首席运营官，是问题的解决者，负责实施上级的议程和需要优先处理的问题。每到一个新岗位，迈克·莱维特和我都会创建一份关于我们愿景的文件（500天的计划及5 000天的期限），通过这个文件会产生众多可扩展的项目。我认为，我们将基本项目规划应用于大型战略性政府政策项目的做法是独一无二的。

例如，美国卫生与公众服务部的项目中就有预防国内外流行性感冒的大暴发，这包括在各州举行准备峰会，在美国重新引入疫苗产业，以及鼓励个人、企业、机构和政府做好准备工作等。我们组织了"价值驱动型医疗项目"，创建了国家卫生信息技术合作项目，推动了公共和全球卫生项目，组织了精准医疗项目，并推广了预防伦理标准项目。

其中，每个项目都是大型的国内外任务，每个项目都是动态且不断发展的，每个项目都需要出色的协同计划与执行方案。对于美国卫生与公众服务部的每个项目，我们都选择OPPM作为反映状态、识别障碍、确定下一步行动和做出必要调整的重要工具。通过使用OPPM的月度报告，我们可以清晰有效地了解各项目的最新进展。有了OPPM，我们向部长提交月度报告变得容易多了，并且报告的内容也更加直接和准确。

我们对OPPM的执行还远远不够完美，但我们做事的效果、沟通的效率、深思熟虑的能力都有了提升，并且通过将大量信息有效整合成简洁和便于理解的方式，我们调整信息的能力也显著提升。

我们参与的项目并不是规模最大的，但同时管理11个如此规模的项目并不常见。我无法想象在没有合适工具的情况下如何跟踪全部项目，所以对我们而言，OPPM至关重要。令人欣慰的是，我们有克拉克·A. 坎贝尔这样的组织天才。总而言之，OPPM帮助我们的项目顺利开展并达成目标。

我想，此处应该有一个类似后记的部分：莱维特部长在公共服务领域工作了16年，我在公共服务领域工作了12年，之后我们创办了莱维特合伙人公司，为那些我们认为有价值的公司提供咨询和投资。而我们与客户建立关系的关键就是OPPM的开发。

里奇·麦考恩

莱维特合伙人有限责任公司总裁兼首席执行官

推荐序二

在我运营和领导公司的30年里，我一直在寻找能够推动组织发展的理念和工具。质量小组、准时制、统计过程控制、六西格玛、精益生产等实践确实带来了不同程度的帮助。

我现在意识到一个重要的原则：参与问题解决和过程改进的人越多，进展越快。尽管我们在泰纳公司已经学会了使用许多精益工具，但在我看来，简单的工具才是帮助大家发挥作用最有效的手段。

困难在于，项目管理方法一直以来较为复杂。有些人可能会说，只有专业的项目经理、工程师和高层管理人员才能对项目进行规划和执行。可能在他们看来，项目管理是一门复杂的学科，基层人员学习起来比较困难。

OPPM易于使用和理解，这使其成为解决复杂问题的最好方法。我们在培训项目经理和团队成员时就使用这种方法。它使基层人员能够管理持续改进的项目，并运用OPPM的项目规范和简单的沟通能力来制订进度计划、实现目标、定义责任、管理工作和报告状态。结合精益工具的使用，我们充分发挥了员工的创造力，从而提高生产力、缩短周期、减少在制品、节约占地面积、按时交付产品，并推动产品和服务质量达到世界一流水平。

在本书中，克拉克·A.坎贝尔和迈克·柯林斯讲述了OPPM如何与战略部署联系在一起。他们讲述了如何使用A3报告和OPPM，以使项目与战略愿景保持一致。使用这些工具，可以确保整个组织都清楚地理解战略并可有效监控项目的进展。我们强调建立一种持续改进和尊重他人的文化，在这一过程中，OPPM已经成为员工用于完善和加强业务的一个简洁且极其有用的工具。在享受本书的同时，请授权你的员工使用它！

哈罗德·西蒙斯

泰纳公司供应链执行副总裁、

新乡奖理事会成员、

1999年新乡卓越制造奖获得者

在我的前两本书《一页纸项目管理》和《IT项目的一页纸项目管理》中，我详细介绍了这种对项目经理有价值的工具所蕴含的思想，以及如何编制OPPM。在本书中，我和迈克·柯林斯将把读者范围扩大到负责执行战略的业务主管和领导者。我们将讨论如何使用OPPM编制丰田A3报告，并举例说明这些沟通工具如何以一种非常简单的方式推动战略和解决问题。

OPPM于20世纪90年代初诞生于犹他州盐湖城的泰纳公司。最初它被应用于一个价值1 000万美元的建筑及计算机系统项目中，以建立一个自动化配送中心，并在随后的十多年里被广泛应用于更多的项目中。1997年，迈克·柯林斯带着他在丰田生产系统方面积累的20年的经验，加入了泰纳公司。我把迈克称为精益专家，但他说自己还是个学生。迈克曾担任美国指月公司的副总裁兼总经理，后来到东南亚的世界科技咨询公司（WorldTech Consulting）任职，目前除担任泰纳公司的精益生产副总裁外，还在威斯敏斯特大学讲授关于精益原则的研究生课程。

迈克首先提出OPPM是一个强大的视觉工具，可以有效传达丰田A3报告右侧包含的所有信息。在过去10年间，迈克将他的想法应用于解决数百个问题的项目中。迈克在使用OPPM和A3报告来解决问题和推动战略的工作中取得了成功（甚至迈克自己也没有想到），这为本书的出版提供了动力。制造业的大部分企业都在使用OPPM和A3报告，因为这与企业要求的元素相似且匹配。OPPM和A3报告可将正确的信息在正确的时间传达给正确的人，不仅起到监督作用，还能强化和鼓励人们做正确的事情——是的，执行！

关键：

通过简单的沟通来执行。

拉里·博西迪和拉姆·查兰在《执行》一书中提到，"战略之所以失败，往往是因为没有被很好地执行"。

爱德华·塔夫特是耶鲁大学的名誉教授，讲授统计证据和信息设计课程。他在其著作《定量信息的视觉展示》中提到，"描述、探索和总结一组数字（即使数字很庞大）最有效的方法，通常是看这些数字的图表。此外，在所有统计信息的分析和沟通方法中，精心设计的数据图表通常是最简单和最强大的"。

据说，爱因斯坦也曾说过，"凡事应尽可能简单，简单到不能再简单为止"。

> **指导原则：**
>
> 让一切尽可能切合实际的简单。

此处的"切合实际"，我认为是最合适的词。不是尽可能简单，而是尽可能切合实际的简单。"切合实际"（practicable）一词源于中世纪拉丁语（practicabilis——能够被使用）和希腊语（praktikos——适合行动）。同义词包括"可实现的""可达到的""可行的""可执行的"。

彼得·德鲁克提醒我们，"如果你知道目标，目标管理就是有效的。遗憾的是，在很多时候，你并不知道目标"。使用OPPM/A3报告可以轻松锁定项目的战略目标，对关键要素进行规划，并就关键变量的绩效进行沟通。

> **过程：**
>
> 沟通。

最后，在我们开始讨论OPPM和A3报告的具体内容之前，先讲一下沟通。我有幸在项目管理资源集团主办的"全国知名的三位项目管理畅销书作家"巡讲活动中，与另外两位作者一起旅行并发表演讲。迈克尔·J. 坎宁安（哈佛计算机集团总裁和创始人）在其《有始有终》一书中写道："大型项目管理最复杂的问题之一是将正在发生的事情可视化。沟通也许耗时，且不能立竿见影，但相信我，这才是大问题。"安迪·克罗在其《阿尔法项目经理：2%的顶尖人才知道的，而其他人不知道的是什么》一书中写道："阿尔法的群体与其他群体最明显的区别就在于沟通。"

考虑到本书可在不参考前两本OPPM书籍的情况下自成一体，在编写时我们已对前两本书的内容进行修订和完善并将其纳入本书。

第1章阐述了OPPM与战略的联系。结合一些个人经历，你将看到OPPM最初作为一个简单的项目管理工具，是如何一步步与精益实践、丰田方法以及最终的战略部署相结合的。

记得在向董事会介绍第一本OPPM书籍的大致内容时，一位董事会成员曾嘲讽地问我是否有该书的"一页纸版本"。

第2章对第一本书进行了总结。你将看到如何编制和汇报OPPM，并得到一些正确使用的提示。OPPM既可单独使用，也可以与A3报告一起使用，以推动战略和解决问题。有人说："一个问题就是一个隐藏的项目。"

第3章提供了具体案例，说明了如何使用OPPM在项目中做计划、配备人员、指导、控制和沟通，以确保该项目通过ISO认证。

第4章介绍了A3报告及其与科学方法和戴明环（计划—执行—检查—行动）的联系。

第5章重新审视了ISO的认证过程，并将OPPM与A3报告相结合。

项目管理办公室（Project Management Office，PMO）对精益执行至关重要。第6章讲述了如何使用OPPM完成PMO的

8个基本职能。我们将与你分享PMO模板，它可以筛选优先项目并将其与战略和年度运营计划联系起来。

第7章将强大而简洁的A3报告引入战略部署过程。你将看到OPPM/A3报告从公司级的应用到业务职能级的应用再到团队级的应用。

第8章不谈战略，先讲如何利用OPPM/A3报告解决具体问题。你会看到这些工具是如何促进持续改进的，以及它们是如何更好地实现丰田商业体系"尊重他人"的要求的。

因为OPPM和A3报告是如此的简洁直观，所以让我们用一些专家的想法来为前言做个总结。

在每个步骤中，我们都注意到管理者想要……把完美清晰化，这样改进目标才是可见和真实的。

精益思想是一系列简单但反直觉的想法……

——詹姆斯·P. 沃马克和丹尼尔·T. 琼斯

《精益思考》作者，他们首次使用了"精益"一词

理解复杂想法最耗时和最困难的方式是必须解释一份冗长的报告……更有效的方式则是视觉化……人们通常以视觉为导向，丰田公司的新员工需要学习尽量以少量文字和大量视觉辅助手段进行沟通。A3报告就是该过程的一个关键部分。

——杰弗里·K. 莱克

《丰田之路》作者

我们的目的是为植入PDCA管理勾勒出一个简单的系统——一个简单而严谨的系统。它的核心是使用A3报告——用一页纸文件记录PDCA循环的主要结果。

——德沃德·K.索贝克二世和阿特·斯莫利
《理解A3思维》作者

复杂的事物也会创造秩序，就像手表的齿轮、弹簧和飞轮会产生单一、简单的数据——时间，而这个数据反过来又会推动世界运转。

有一种事物分类法则每天都在愚弄我们，把复杂的事物伪装成简单的事物，把简单的事物伪装成复杂的事物。

——杰弗里·克鲁格
《化繁为简：为什么简单的事情会复杂化》和《如何使复杂的事情变得简单》作者

新科学也让我们更加意识到，我们对简单的渴望与自然系统是一样的。

——玛格丽特·J.惠特利
《领导力与新科学》作者

完美似乎不是出现在没有东西可以增加的时候，而是出现在没有东西可以拿走的时候。

——安东尼·德·圣·埃克苏佩里

简单即终极的复杂。

——列奥纳多·达·芬奇

我不会为复杂性这一面的简单化付出代价，但我愿意为复杂性另一面的简单化奋斗终生。

——小奥利弗·温德尔·霍姆斯

目录

第1章　OPPM与战略执行

两位退休的CEO是30多年的朋友，他们在一起回顾了各自的商业经历。一位曾是美国最大的私人房地产公司的管理合伙人，现在是一家成功的航空公司的董事长。另一位曾在泰纳公司——一个有着80年历史的全球知名企业——掌舵12年。这一次，他们谈到了帮助自己把工作变得更加容易且有效的理念和工具。是什么让一切发生了改变？有一句坦率而清晰的话总是出现在他们的谈话中，泰纳公司退休的CEO肯特·默多克肯定地说："OPPM虽然很简单，但它是我执行战略和做正确的事情唯一有价值的工具。"这些"正确的事情"包括提高销售额、增加利润，以及将股东回报率提高到公司历史上最高水平。现任捷蓝航空（JetBlue）董事长并在斯坦福大学商学院任教的乔尔·彼得森补充道："如果OPPM能简单地传达战略，并且能在一张纸上将战略的执行与人员、流程和绩效指标结合起来，那么它应该成为所有CEO的工具。"

拉里·博西迪和拉姆·查兰在《执行：如何完成任务的

学问》(《纽约时报》第一畅销书)中写道:

有了明确目标后,你应该力求简单。你将发现执行力强的领导者通常说话简洁明了,他们直截了当地谈论自己的想法,他们知道如何简化事情,以便他人能够理解、评估并采取行动,从而使他们所说的变为现实。

博西迪和查兰认为,执行是一门"将战略与现实相结合,使人们与目标保持一致,并实现承诺结果的学问……将人员、流程、战略和运营计划联系在一起,以便按时完成任务"。

作为一个为项目管理而开发的工具,OPPM 是如何与战略联系在一起的

克拉克把OPPM与精益联系在一起,在不断追求新乡奖的过程中,找到了OPPM与战略相联系的途径:

太阳从消失的云层后面升起,犹他州盐湖城的冬日早晨非常温暖。我和妻子梅雷迪思看到新娘和新郎的家人在婚礼结束后准备拍照,一位经验丰富且要求严格的摄影师引导着他们摆好姿势。这位最幸福的新娘是我们大学时代亲密朋友的女儿,她美极了,正享受着今天属于她的每个时刻。

随后梅雷迪思的注意力转移到了新娘的妹妹身上,而我则转移到了新娘的叔叔身上。这才有了接下来的故事——关于执行(完成任务)主题,也就是OPPM系列的第三本书。

新娘的叔叔,斯蒂芬·M.贝克斯特德博士,是新乡卓越制造奖的副理事长,也来参加婚礼。当时我与泰纳公司的同

事正在为达到新乡奖的标准而努力。拍照的间隙让我有机会与斯蒂芬会面，就我们为申请奖项所做的准备进行交流。

"质量"一直是奥伯特·泰纳（1927年他创建了以他名字命名的公司）追求的信念。我们在1980年正式成立质量部门，首次聘请外部顾问帮助我们制定指标和成熟的流程。1996年我成为负责质量的副总裁，除了完成本部门工作，我学习了负责制造的执行副总裁哈罗德·西蒙斯将精益原则与实践融入制造流程的做法。

1999年1月2日，当我与斯蒂芬博士在婚礼拍照间隙相遇时，泰纳公司已为消除生产过程中的浪费、应用丰田生产系统的部分内容及将精益原则和实践融入运营做了多年尝试。我们当然已经走了很远的路，但走得够远吗？现在是申请的时机吗？

在提出了一系列问题后，斯蒂芬同意到我们工厂参观并做初级评估。在他到访并给出令人鼓舞的结论后，我立即决定泰纳公司应该申请新乡奖。哈罗德对此持怀疑态度，他知道还有很多工作要做。此外，市场部门的领导也担心我们当时的质量问题，虽然比我们的竞争对手要少得多，但也会阻碍我们获奖。然而，高级管理层同意了我的申请。

作为运营委员会的成员，我与公司的同事进行沟通，并要求团队成员完成实质性的申请。由于各部门已超负荷运转，再加上我们对自己缺乏信心，所有业务领导均不愿意提供人手，因为这个艰巨任务需要高水平人才，而且在申请截止日期之前的时间已经非常紧张。

接下来发生的事情对我们来说不足为奇。我们向所有有兴趣加入新乡奖申请工作的员工发出邀请，告诉他们该项目将耗时一个月左右，每天下午5点开始工作，直到午夜！他们的反应非常令人鼓舞，一个人才齐备的完整团队应运而生。

我们一起收集数据，总结多年来的努力和成果，并完成所需的申请。在新乡奖三人审查小组仔细审查完我们的申请材料后，又进行了全面的现场参观、核查和分析。几周后，泰纳公司接到通知，我们"挑战"成功，被授予新乡卓越制造奖。

获奖后，我到了新乡理事会任职。完成理事会的任期后，哈罗德·西蒙斯接替了我的位置。在我写这本书的时候，他不仅继续学习精益思想，还将丰田生产系统与精益思想、OPPM和A3报告融合，把自己在这方面的经验不断深化。他一直投身于推广精益实践在制造过程乃至整个企业中的应用。

哈罗德手下有4个人，他除了在泰纳公司管理精益工作，还通过严格培训自愿成为新乡奖审查员。

接下来，让我们看看梅雷迪思那边取得了什么样的成果？她用自己的方式接近新娘的妹妹珍妮，并提议她与我们的儿子贾夫约会。不顾兄弟姐妹的温和反对，珍妮和贾夫开始交往，尽管他们在两个不同的城市上大学。说到事情的进展，珍妮和贾夫在三个月后订婚，四个月后结婚，现在，在写这本书的时候，他们已经愉快地迎来了第四个孩子加入他们的欢乐家庭。

　　泰纳公司彼时已经熟悉并致力于精益生产。然而，肯特提醒我们过分奉行单一商业"教义"可能带来的陷阱。他要求我们"反复推敲"，直到找到适合每套理念的平衡点和方式。

　　所有事情中一个几乎不可避免而又自然而然的结果似乎就是将OPPM推向战略执行。OPPM促进并支持精益思想，而且本身也属于精益范畴，使用它可以大量减少项目沟通过程中的浪费（丰田所说的"不创造价值但消耗资源的活动"），而沟通正是泰纳公司继续精益生产和正确使用战略组合不可或缺的一部分。这也包括将OPPM与罗伯特·S.卡普兰博士的战略地图及平衡计分卡相结合，并使之与后者的迭代保持一致。

　　当迈克和我在公司努力研究这些强大的理念时，迈克继续向他的学生讲授精益原则，而我越来越频繁地去各地进行有关OPPM的演讲。

　　如前所述，迈克是第一个认识到如何将OPPM与丰田的精益思想和A3报告结合起来的人。通过这一结合，他利用OPPM或A3报告推动了成百上千个解决问题的项目。我们一起设计了平衡计分卡，将其与公司战略地图相结合，并通过我们的项目管理办公室，与公司项目的优先级排序及绩效指标相结合。事情变得越来越清晰，员工更加熟悉并致力于完成正确的事情，同时战略也得到了执行。

　　当这一理念在我们公司孵化时，来自世界各地的个人、公司和政府部门下载了OPPM模板，并将其应用于各种场合：从大学校长要求为他办公桌上的每个项目提供OPPM，到母亲为女儿筹划婚礼；从中国北京的CEO到西班牙马德里的项目经理；从波士顿大型咨询公司的管理合伙人到加州萨拉托加的婴儿潮一代的母亲；从阿布扎比的项目经理到美国政府。美国政府将OPPM广泛用于美国食品药品管理局对流行病的规划和全球化跟踪，因为美国食品药品管理局在中国、印度、拉丁美洲和欧洲都设有办事处。

我们尝试在本书中与你分享一些案例，告诉你如何使用OPPM和A3报告来推动战略、解决问题。事实上，这些工具有助于你简化精益改进，并在一张纸上就丰田生产系统的基本要素进行沟通。我们会为你展示一条让你的团队参与执行战略的有效途径。

第2章　什么是OPPM

首先，我们简要概述一下如何编制OPPM。如果你已读过《一页纸项目管理》，本章则是以这本书为基础，进行简要回顾。如果你还没有读过，本章将普及一些基本知识，以便你在日常工作生活中应用该工具。

OPPM 背后的逻辑

设想一下，上司要求你在短时间内提供项目进度报告，内容包括项目中哪些部分如期进行，哪些提前，哪些推迟，项目主要任务的负责人是谁，项目预算和项目执行情况如何，存在哪些问题，目前总体进展如何，预测未来三个月将会怎样。

你可能认为，这是一项艰巨烦琐的工作，你和团队需要花费很多时间去收集和整理大量信息，然后以合适的方式呈现这些信息。而这项工作很可能影响我们的绩效，因为这需要花费额外的时间完成。即便这样，上司可能根本不看这些信息，因为他有很多事情要做，而且总是非常繁忙。

我们做过许多项目，向上级管理层提供所需的信息是一项巨大的挑战，这些信息必须易于理解、经过整理，并且收集和提交信息要尽可能快速，不要占用太多时间。

这就是编制OPPM的原动力。该工具以及时、易于理解和总结的方式向干系人传达所需的重要信息。OPPM不同于项目经理常用的其他沟通工具，其主要目的是向组织内外非项目人员介绍项目的进展。

此外，每个项目背后都有一群支持者，尽管这些人并不直接参与项目。然而，很少有项目经理知道如何与这些支持者保持有效沟通。

这些支持者可能包括董事会、高级管理层、供应商、客户和那些间接参与项目或影响项目结果的上下级，他们希望以简洁的方式了解项目进展，不想看详细、冗长的分析报告。但是，他们也不希望自己获得的信息过于简单、琐碎，没有实质内容，这样的信息只会让他们产生更多疑问。事实上，他们希望提供的信息能够解答他们的问题，而自己又不至于被过多的信息和数字淹没。

项目背后的支持者既想了解项目状况，又希望自己获得的信息简洁充分、一目了然，OPPM既满足了上述需求，又解答了问题，而且没有引发更多疑问，是一个非常有效的沟通工具。

OPPM 的直观性

OPPM使用符号和颜色绘制一张直观且易于理解的图表，用来说明在任意特定时刻项目所处的位置，并将重要的项目部分相连接。例如，负责每个部分的管理者都与该部分的完成期限及重点任务联系起来。高级管理层能随时掌握哪个部分由谁负责，每个部分的进展如何。超前于计划的绩效会清晰显露出来，管理层和同事可随时了解项目负责人是谁，谁该得到嘉奖。

项目进展顺利的部分用绿色框或实心圆表示，时间进度落后于计划或超预算的部分用红色突出显示，不确定的部分用黄色表示。加上颜色使得OPPM看上去一目了然，高级管理层可以看到哪些部分进展顺利，哪些部分存在问题，以及问题出在哪里。

OPPM的设计很直观，有助于阐明相关信息。OPPM的进度计划、职责、预算、任务和目标是互相关联的，与现实工作中的情形相同。OPPM的图形设计可让人们迅速了解项目主要部分彼此之间的关联。

这里给出一个看似违反常理的观点：有效且高效的项目管理仅需要适量的细节，应避免过于细化。通常细节越多，计划就越详细，执行起来就越复杂和缓慢。细节有可能变成项目管理追求的目标，一旦发生这种情况，就可能分不清主次，管理过程也变得低效，最终导致项目管理失败。因此，任何事情都应该尽可能简洁、高效。

OPPM的优势之一就是对细节追求适度，不过于求精，这点也违反常理。例如，深度参与项目的人员需要了解关键设备的状态，如设备是否制造完成、是否装运、现在运到哪里等问题。但管理层只需要知道设备是否会按时到达，不需要了解确保关键设备到达所采取的措施，这不是他们关心的范畴。这个例子说明了"OPPM不过于求精"，即OPPM不包括每个细节，也不应该包括每个细节。

在介绍OPPM的具体编制步骤之前，我要说明一下OPPM的强大优势。OPPM作为沟通工具，可用于任何项目。在应用于具体项目时，OPPM可能需要进行调整，但其框架和结构基本保持不变。结合丰田A3报告，OPPM有助于制定策略，并作为强有力的工具解决问题，我们将在本书的后半段展开讨论。我在犹他州盐湖城的泰纳公司工作时，曾组合使用过这两种报告，并同时使用了战略地图和平衡计分卡。我了解到，OPPM有助于通用项目和IT项目管理，在与A3报告结合时可用于战略部署。

OPPM在计划不够充分和计划过于详细两种情况之间寻求平衡。计划只是开始，是达到目标的途径，但不是目标。

使用OPPM进行项目管理，很容易看出谁是项目负责人。当使用此工具监测项目时，所有项目负责人都会被"公之于众"，并且责权分明。

通过使用有关联的图形和颜色，能很清楚地看出谁负责哪个部分，以及绩效如何。管理层通过浏览OPPM，可以很快看出谁做得好，谁负责的项目落后于计划。

这种可视化管理不仅使管理层更容易了解项目的状态和负责人，而且也能很好地激励项目负责人。因为项目负责人知道，通过可视化管理，管理层可以持续、即时地看到他们的职责和绩效。

项目的五个基本要素和 OPPM

OPPM不但不会取代现有的工具，还会强化正在使用的工具。

OPPM提供的信息并不是新的内容，它的独到之处在于将现有的信息以一种便于使用和理解的方式表示出来。这并不只是简单的微调，而是以新颖、易于掌握的形式将项目进度展现出来，便于管理层随时了解项目情况，也极大地提高了项目人员的积极性。

每个项目都有五个基本要素（见图2.1），同样，OPPM也有相同的五个要素。我们使用项目包含的五个要素作为OPPM的架构。项目经理心中时刻铭记着这五个要素，并逐渐成为一种职业习惯。

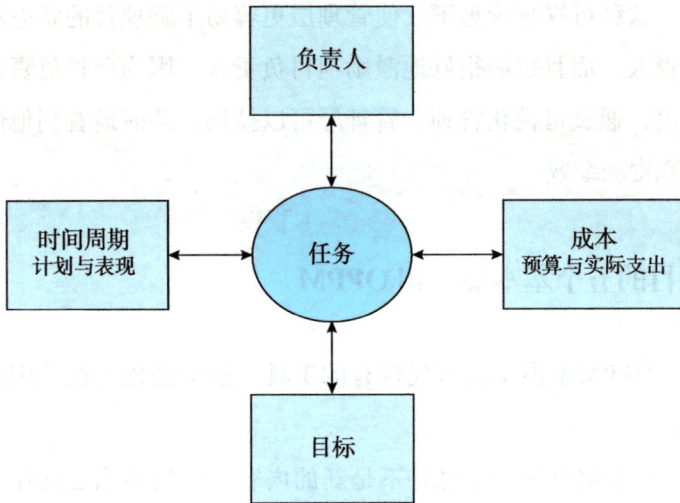

图2.1 项目的五个基本要素

（1）任务：如何完成任务。任务是项目的核心，必须完成这些任务才能实现项目目标；任务包括项目的具体细节，即需要做好的每项工作细节。

（2）目标：目标是什么，以及设定目标的原因。目标就是愿景，项目最终实现的结果。目标可以是概括的，也可以是非常具体的。

（3）时间周期：项目完成时间。时间周期是用来规定工作的完成时间，以及记录实际完成的时间。时间周期可具备一定的灵活性。例如，如果项目范围增加了，时间周期就可能需要延长（并且预算也要相应地增加）。

（4）成本：项目支出情况。项目支出包括硬成本，如咨询和设备费用；也包括软成本，如项目人员费用。成本核算可能很复杂，每个项目都需要财务人员参与。

（5）负责人：任务的负责人都是谁，这点至关重要。管理层通过OPPM能清楚了解各项任务的负责人是谁。责权划分明确，很容易看出谁应该得到嘉奖，谁需要帮助。

编制 OPPM 的 12 个步骤

项目经理和各项任务负责人一起编制和维护OPPM，在项目过程中一直使用这个工具。编制和更新OPPM是一项团队工作，各项任务的负责人要对OPPM负责，项目经理则应与团队成员协商，最后使团队成员达成一致并给予承诺（见图2.2）。接下来，看一下编制OPPM所需的12个步骤。

第1步：标题

标题栏位于最上方，包括项目经理、项目名称、项目目标和报告日期（见图2.3）。

项目名称很重要，因为项目从开始至结束（乃至项目结束之后），所有人在谈及该项目时都会使用这个名称。可以考虑在团队成员都就位后再命名项目。

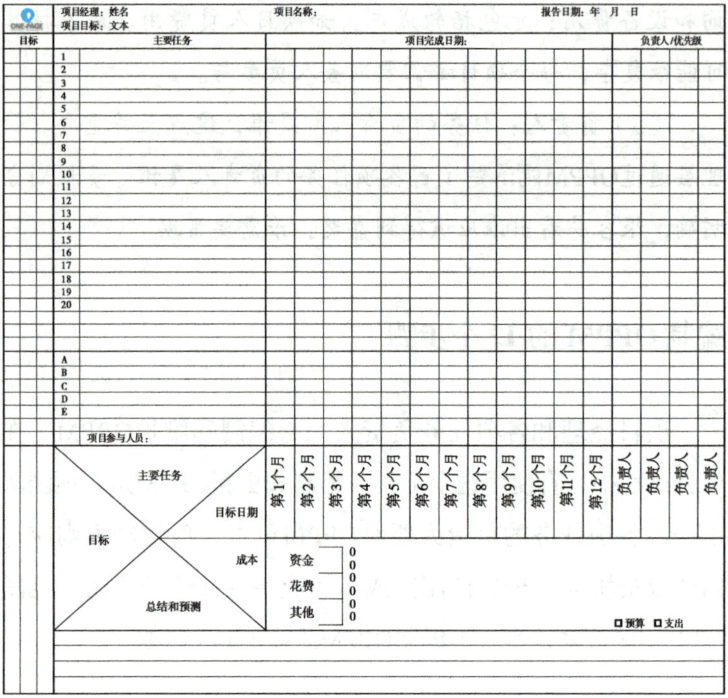

项目经理：姓名		项目名称：			报告日期：年 月 日		
项目目标：文本							
目标	主要任务		项目完成日期			负责人/优先级	

(表格见图)

图2.2 标准模板

项目经理是最终负责人，每个项目都需要且只需要一位项目经理。项目经理一般由公司专职员工担任，而不是咨询师或外部顾问。

最初将项目交给项目经理的人，通常也要负责给出项目目标。如果项目经理不知道项目目标，就必须询问项目发起人，以确定项目目标。要明确以下问题：项目发起人为什么要完成此项目？他们希望从项目中得到什么？

此时要初步确定一个完工日期。在经过其余11个步骤后，团队将兑现这个完工日期的承诺。

项目经理：克拉克·坎贝尔	项目名称：自动化配送中心（ADC）	报告日期：1994年12月1日
项目目标：重新设计分销系统——30%的投资回报率		

目标				主要任务	项目完成日期：1995年12月31日	负责人优先级
○				1 将合同授予分包商		A
○				2 场地拆除		A
		○		3 系统软件设计		B A B
	○			4 电脑硬件规格		A
			○	5 工作台设计		B C A B
○				6 停车场和景观		A
○				7 地基和基础		A
○				8 柱子和模架		A
○				9 屋顶		A
○				10 主楼完工		A C
○				11 外观和玻璃		A
	○			12 电脑硬件安装		B A C
○	○			13 机架安装		B A B
	○			14 自动起重机安装		A B B
	○			15 输送机安装		A B B
	○			16 软件设计与安装		B A B
		○		17 人员培训		A C A
○				18 夹层楼面完工		A B
		○		19 工作台和家具		B A
		○		20 工人转型		B
		○		21 库存转移		B
		○		22 人员配置		B A
	○			A 内部软件运行		A B
	○			B 外部软件运行		B A B
	○			C 集成软件运行		B A B
	○			D 全面整合运行		B A B
○	○	○		E 准时上线		A A A A

主要任务 ／ 目标日期 ／ 成本 ／ 总结和预测 ／ 目标

1995年1月　1995年2月　1995年3月　1995年4月　1995年5月　1995年6月　1995年7月　1995年8月　1995年9月　1995年10月　1995年11月　1995年12月

丹尼斯　韦恩　克劳斯　戴夫

建造成完　系统运行　人员招聘

建筑物成本 600万美元
系统成本 300万美元
人力成本 50万美元

自动化配送中心项目计划于 1995年1月1日开工，于1995年12月31日完工。
该项目将耗资 1000万美元，初始投资回报率为30%。

图2.3　12个编制步骤之第1步

当项目经理与项目发起人一起商定标题时，也要讨论项目三重制约因素的优先顺序，三重制约因素分别指的是成本、范围和进度。项目经理将在整个项目过程中权衡、做出决定，其中，关键的指导原则便是管理层对这三个因素的排序。

第2步：负责人

从现在起，假设你就是项目经理，下一步是任命项目团队。团队成员将负责管理项目的每个重要组成部分，而你成功与否很大程度上取决于他们的绩效。负责人数量要尽可能少，根据经验，通常3~4人是较为合理的（见图2.4）。在大型项目中，OPPM往往不止一层，而每层都有相应的负责人。

项目经理：克拉克·坎贝尔	项目名称：自动化配送中心（ADC）		报告日期：1994年12月1日
项目目标：重新设计分销系统——30%的投资回报率	项目完成日期：1995年12月31日		负责人/优先级

目标	编号	主要任务	1995年1月	2月	3月	4月	5月	6月	7月	8月	9月	10月	11月	12月	丹尼斯	亨瑞	克瑞斯	戴克
	1	将合同授予分包商	○	○											A			
	2	场地拆除	○	○											A	B		
	3	系统软件设计	○	○	○	○									B	A	B	
	4	电脑硬件网络	○	○											A			
	5	工作台设计		○	○	○	○	○							B	C		A
	6	停车场和景观					○	○	○						A			
	7	地基和基础			○	○	○								A			
	8	柱子和横梁				○	○	○							A			
	9	屋顶					○	○							A			
	10	主楼完工						○	○	○					A	C		B
	11	外墙和玻璃						○	○	○	○				A			B
	12	电脑硬件安装								○	○				B	A	C	B
	13	机架安装							○	○					B	A	B	C
	14	自动起重机安装							○	○	○				B	A	B	C
	15	输送机安装								○	○	○			B	A	B	B
	16	软件设计/安装						○	○	○	○	○			B	A	B	
	17	人员培训									○	○			A	C		B
	18	夹层楼面完工			○	○									A			
	19	工作台和家具				○	○	○			○				B	B	A	
	20	工具转型										○			A	B	A	
	21	库存转移										○	○		A	B	B	
	22	人员配置		○		○				○					B	A		
	A	内部软件运行													A	B		
	B	外部软件运行													B	A		
	C	集成软件运行													B	A		
	D	全面整合运行													B	A	A	A
	E	准时上线													A	A	A	A

主要任务　目标　目标日期　成本　总结和预测

细则成功　系统运行　人员部署

系统成本 300万美元
人力成本 50万美元
建筑物成本 600万美元

自动化配送中心项目计划于1995年1月1日开工，于1995年12月31日完工。
该项目将耗资1000万美元，初始投资回报率为30%。

图2.4　12个编制步骤之第2步

第3步：矩阵——OPPM的基础

OPPM使用矩阵作为基础，展示了项目的核心内容（见图2.5）。或者将OPPM比喻成指南针，指导项目从开始一直到结束。它将项目的所有重要元素连接在一起，呈现在读者面前。

矩阵紧随OPPM的编制过程而自然产生。在第3步中，项目经理需要为团队呈现一个总体的项目视图，讨论如何处理项目，并全面检查矩阵的每个部分，包括目标、主要任务、目标日期和预算。矩阵是OPPM的核心，我们将围绕矩阵向项目团队介绍关于OPPM的基础知识。其实不必惊讶，有时我们需要给团队讲授一些项目管理的基础知识。

项目经理：克拉克·坎贝尔　项目名称：自动化配送中心（ADC）　报告日期：1994年12月1日
项目目标：重新设计分销系统——30%的投资回报率

目标			主要任务	项目完成日期：1995年12月31日	负责人/优先级
			1 将合同授予分包商		
			2 场地拆除		
			3 系统软件设计		
			4 电脑硬件规格		
			5 工作台设计		
			6 停车场和景观		
			7 地基和基础		
			8 柱子和横梁		
			9 屋顶		
			10 主楼完工		
			11 外墙和玻璃		
			12 电脑硬件安装		
			13 机架安装		
			14 自动起重机安装		
			15 输送机安装		
			16 软件设计与安装		
			17 人员培训		
			18 夹层楼面完工		
			19 工作台和家具		
			20 工人选型		
			21 库存转移		
			22 人员配置		
			A 内部软件运行		
			B 外部软件运行		
			C 集成软件运行		
			D 全面整合运行		
			E 准时上线		

月份：1995年1月、1995年2月、1995年3月、1995年4月、1995年5月、1995年6月、1995年7月、1995年8月、1995年9月、1995年10月、1995年11月、1995年12月

负责人：丹尼斯、布恩、克劳斯、霍夫

目标（左侧）：建造成本、系统运行、人员部署

主要任务　目标日期
目标　成本
总结和预测

第3步

建筑物成本 600 万美元
系统成本 300 万美元
人力成本 50 万美元

自动化配送中心项目计划于1995年1月1日开工，于1995年12月31日完工。
该项目将耗资1000万美元，初始投资回报率为30%。

图2.5　12个编制步骤之第3步

第4步：项目目标

组建团队之后，便可以将项目目标分解为子目标，这些子目标是完成项目目标所必需的前提。目标位于OPPM左下角的矩形中，目标的数量不要超过4个。我们为一个价值1 000万美元的配送中心项目制定了3个目标：一是完成大楼的建造，二是配送中心的系统可以运行，三是聘用经营该中心的人员，完成培训和人员分配（见图2.6）。

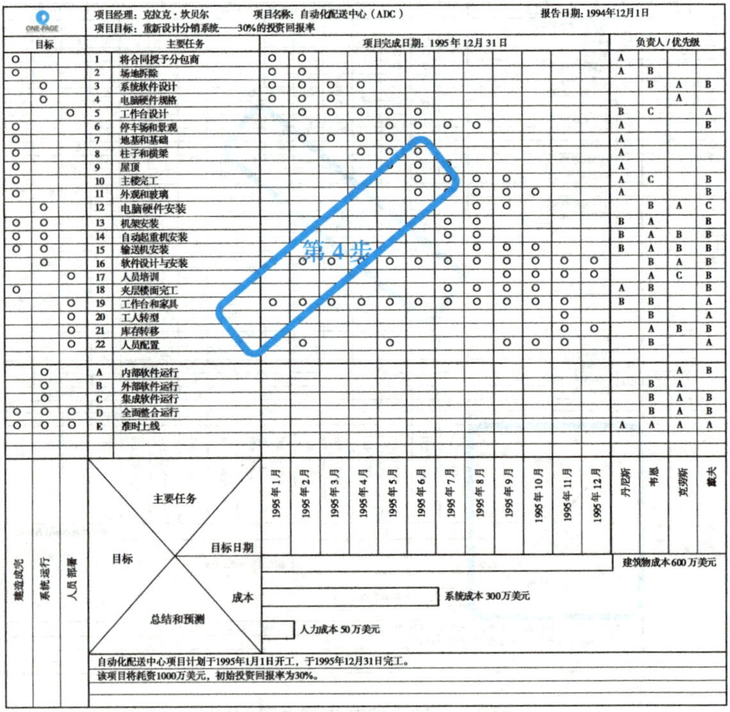

图2.6　12个编制步骤之第4步

为了设定目标，我们要问自己以下几个问题：完成各个目标需要多长时间，需要哪些资源（资金、人力等），项目的范围包括哪些内容（范围是指最终可交付物）。然后在描述任务时，需要为每个子目标均衡地分配任务。

制定的目标必须符合SMART原则，即简单、可衡量、可实现、相关、有时限。

第5步：主要任务

主要任务放在OPPM左侧（见图2.7）。大型项目实际上是很多小型项目的集合，这些小型项目经过协调和组合形成最终项目。在最顶层的OPPM中，每个小型项目都表示一项任务，如将合同授予分包商、系统软件设计等。项目进展应可度量，以便评估进展状况，并在OPPM中体现。

每项任务至少会分配给一位团队成员，因此获得团队成员对每项任务的承诺十分重要。要尽可能将任务分配给最擅长的人。

在项目生命周期的每个报告期内尽量平均分配2~3项任务。如果项目运行12个月，则合适的任务数量是30个左右，因为大部分项目按月报告进度。有些任务只需一个月就能完成，而有些任务将一直持续到项目结束。请记住，每项任务都可单独编制自己的OPPM或是Microsoft Project或Primavera PERT图表。

项目经理：克拉克·坎贝尔　项目名称：自动化配送中心（ADC）　报告日期：1994年12月1日
项目目标：重新设计分拣系统——30%的投资回报率

目标			主要任务	项目完成日期：1995年12月31日	负责人/优先级
			1 将合同授予分包商		A
			2 场地断路		A B
			3 系统软件设计		B A
			4 电脑硬件规格		A
			5 工作台设计		A B
			6 停车场和景观		A
			7 地基和基础		A
			8 柱子和横梁		A
			9 屋顶		A
			10 主楼完工		A C B
			11 外观和玻璃		A
			12 电脑硬件安装		B A C
			13 机架安装		B A B
			14 自动起重机安装		B A B
			15 输送机安装		B A B
			16 软件设计与安装		A C B
			17 人员培训		A B
			18 夹层楼面完工		A B
			19 工作台和家具		A B
			20 工人转型		A
			21 库存转移		A B
			22 人员配置		B A
			A 内部软件运行		A B
			B 外部软件运行		B A B
			C 集成软件运行		B A B
			D 全面整合运行		B A
			E 准时上线		A A A A

第5步

月份：1995年1月　1995年2月　1995年3月　1995年4月　1995年5月　1995年6月　1995年7月　1995年8月　1995年9月　1995年10月　1995年11月　1995年12月

主要任务
目标日期
成本
总结和预测
目标

建造状况　系统运行　人员配置

建筑物成本600万美元
系统成本300万美元
人力成本50万美元

自动化配送中心项目计划于1995年1月1日开工，于1995年12月31日完工。
该项目将耗费1000万美元，初始投资回报率为30%。

图2.7　12个编制步骤之第5步

第6步：任务与目标匹配

在此步骤中，要确保完成任务清单上的所有任务，便能实现项目目标（见图2.8）。当检查任务和目标时，重要的是要保证任务和目标相互匹配。所有任务都应对应至少一个目标，有些任务对应多个目标。

在检查任务与目标是否匹配时，通常会暴露不一致或疏漏的地方，这个过程并不是一劳永逸的。在按照自己的方式逐步构建OPPM时，应重新评估先前的步骤，并尝试不断改进。

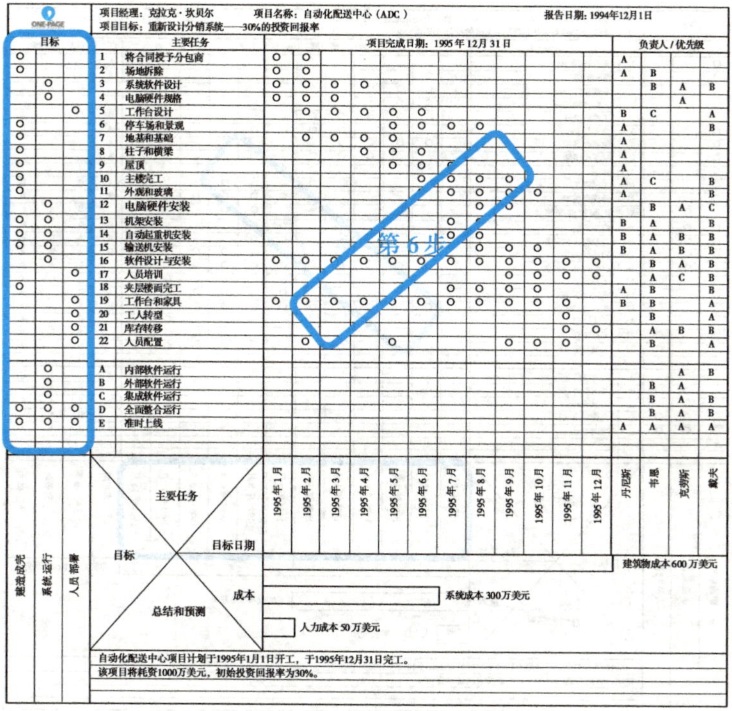
ONE-PAGE
项目经理：克拉克·坎贝尔
项目名称：自动化配送中心（ADC）
报告日期：1994年12月1日
项目目标：重新设计分销系统——30%的投资回报率
目标
主要任务
项目完成日期：1995年12月31日
负责人/优先级
1 将合同授予分包商
2 场地拆除
3 系统软件设计
4 电脑硬件规格
5 工作台设计
6 停车场和景观
7 地基和基础
8 柱子和横梁
9 屋顶
10 主楼完工
11 外观和玻璃
12 电脑硬件安装
13 机架安装
14 自动起重机安装
15 输送机安装
16 软件设计与安装
17 人员培训
18 夹层楼面完工
19 工作台和家具
20 工人转型
21 库存转移
22 人员配置
A 内部软件运行
B 外部软件运行
C 集成软件运行
D 全面整合运行
E 准时上线
第6步
建造成完
系统运行
人员部署
主要任务
目标日期
目标
成本
总结和预测
1995年1月
1995年2月
1995年3月
1995年4月
1995年5月
1995年6月
1995年7月
1995年8月
1995年9月
1995年10月
1995年11月
1995年12月
丹尼斯
韦恩
克劳斯
戴夫
建筑物成本600万美元
系统成本300万美元
人力成本50万美元
自动化配送中心项目计划于1995年1月1日开工，于1995年12月31日完工。
该项目将耗资1000万美元，初始投资回报率为30%。

图2.8　12个编制步骤之第6步

在确认任务时，可能会发现遗漏的目标，还可能发现与某个目标匹配的任务数量不合适，因此需要进一步评估这些任务和目标。

这种渐进明细的完善方式能够提高计划的质量，并增强OPPM的沟通能力。

第7步：目标日期

目标日期位于OPPM底部从左至右的区域（见图2.9）。

项目经理：克拉克·坎贝尔		项目名称：自动化配送中心（ADC）	报告日期：1994年12月1日
项目目标：重新设计分销系统——30%的投资回报率			

目标				主要任务	项目完成日期：1995年12月31日	负责人/优先级
			1	将合同授予分包商		A
			2	场地拆除		A B
			3	系统软件设计		B A
			4	电脑硬件规格		A
			5	工作台设计		B C A B
			6	停车场和景观		A
			7	地基和模架		A
			8	柱子和横梁		A
			9	屋顶		A
			10	主楼完工		A C B
			11	外观和玻璃		A A
			12	电脑硬件安装		B A C
			13	机架安装		B A B
			14	自动起重机安装		B A B
			15	输送机安装		B A B
			16	软件设计与安装		B A B
			17	人员培训		A A C A
			18	夹层楼面完工		A B B
			19	工作台和家具		A B B
			20	工人转型		B
			21	库存转移		A B B
			22	人员配置		B A
			A	内部软件运行		A B
			B	外部软件运行		B A
			C	集成软件运行		B A B
			D	全面整合运行		A A B
			E	准时上线		A A A A

第7步

主要任务	1995年1月	1995年2月	1995年3月	1995年4月	1995年5月	1995年6月	1995年7月	1995年8月	1995年9月	1995年10月	1995年11月	1995年12月
目标日期												

建造改完 系统运行 人员配置

成本 — 建筑物成本600万美元

总结和预测 — 系统成本300万美元 人力成本50万美元

丹尼斯 书蒂 苏姗娜 戴夫

自动化配送中心项目计划于1995年1月1日开工，于1995年12月31日完工。
该项目将耗资1000万美元，初始投资回报率为30%。

图2.9　12个编制步骤之第7步

该区域将时间周期划分为多段，通常以月为单位（周期短的项目可将每段设为一周或两周，周期长的项目也可以划分为更长的时间段），每段的长度不一定完全相同。请记住，当把项目的时间周期和时间增量告知每个人时，你的责任也随之增加了。与任务一样，你必须获得所有相关人员对目标日期的承诺。

第8步：建立任务的时间线

在这一步中，要为每项任务建立时间线（见图2.10）。我们沿着任务所在的横行，在矩形框中画一些空心圆，表示每项任务的开始日期、时间长度和完成日期。如某项任务持续7个月，时间段以月为增量单位，则在这项任务旁边画7个空心圆。当每项任务完成时，对应空心圆被涂成实心圆。

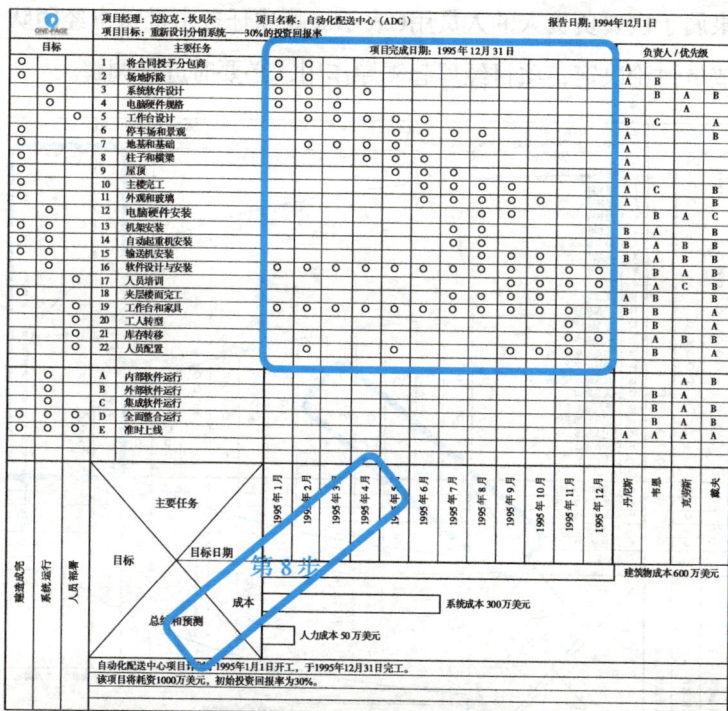

ONE-PAGE	项目经理：克拉克·坎贝尔　　项目名称：自动化配送中心（ADC） 项目目标：重新设计分销系统——30%的投资回报率		报告日期：1994年12月1日
目标	序号	主要任务 项目完成日期：1995年12月31日	负责人/优先级
	1	将合同授予分包商	A
	2	场地拆除	B
	3	系统软件设计	B　B
	4	电脑硬件规格	A
	5	工作台设计	B　C　　A
	6	停车场和景观	A
	7	地基和景观	A
	8	柱子和横梁	A
	9	屋顶	A
	10	主楼完工	A　C
	11	外观和玻璃	A
	12	电脑硬件安装	B　A　C
	13	机架安装	B　A
	14	自动起重机安装	B　A　B
	15	输送机安装	B　A　B
	16	软件设计与安装	B　B　B
	17	人员培训	B　A　B
	18	夹层楼面完工	A　B
	19	工作台和家具	B
	20	工人转岗	B
	21	库存转移	B
	22	人员配置	B
	A	内部软件运行	A　B
	B	外部软件运行	B　B
	C	集成软件运行	B　B
	D	全画面运行	B　A　B
	E	准时上线	A　A　A　A

主要任务　目标日期
目标

第8步

总结和预测　成本

1995年1月　1995年2月　1995年3月　1995年4月　1995年5月　1995年6月　1995年7月　1995年8月　1995年9月　1995年10月　1995年11月　1995年12月

建筑物成本 600 万美元
系统成本 300 万美元
人力成本 50 万美元

自动化配送中心项目将于1995年1月1日开工，于1995年12月31日完工。
该项目将耗资1000万美元，初始投资回报率为30%。

图2.10　12个编制步骤之第8步

每位团队成员在考虑任务时间线时会有不同的方式。一些人从起点开始，正向思维；一些人从终点开始，逆向思维。富有创造力的团队成员还通常会打破常规，随性思考。作为管理者，要鼓励每种方法，最终得到完善的计划。

第9步：确定任务负责人

通常每项任务只有一个负责人，超过3个负责人的任务则很少见。不管任务有几个负责人，都必须设定负责人之间的优先顺序，每个任务一般只有一个主要负责人。OPPM中的主要负责人用字母A表示（见图2.11），次要负责人用B表示，隶属于次要负责人的人员用C表示。哪项任务由谁负责经团队成员讨论决定，项目经理起领导作用，必要时进行调解。

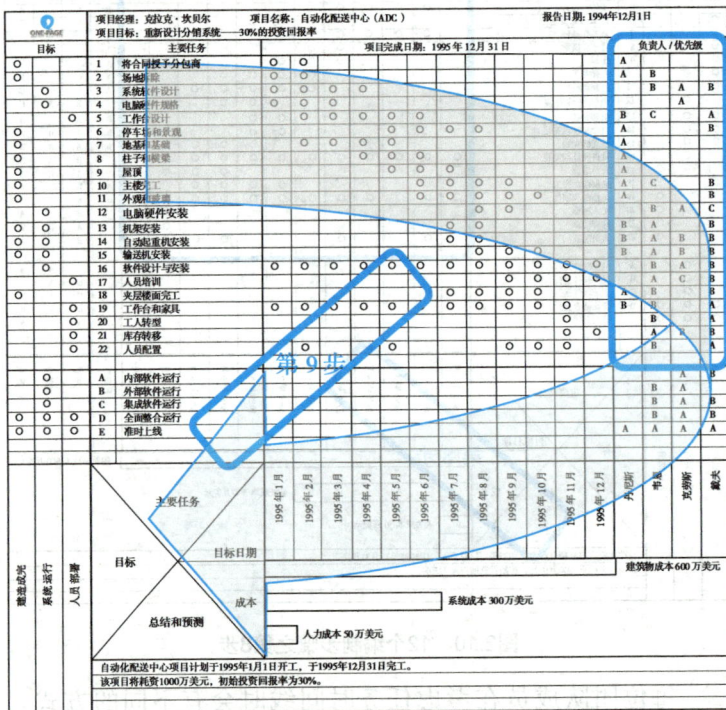

图2.11　12个编制步骤之第9步

第10步：主观任务

这一部分处理的是主观任务或定性任务，因为并非所有任务都能用时间线来量化（如软件性能）。针对计算机软件性能高不高这个问题，最终用户的认识可能和计算机本身的指标完全不同。试想一下手机服务，通话掉线通常是无法接受的，那么间歇出现的静电噪音是偶尔可以接受的吗？

　　类似上述情况就属于主观任务。这个区域用来展示项目的主观任务（见图2.12）。但是，要确保这些主观任务跟可量化的任务一样，都要有对应的目标和负责人。这些任务的绩效可以用红、黄、绿三种颜色表示。

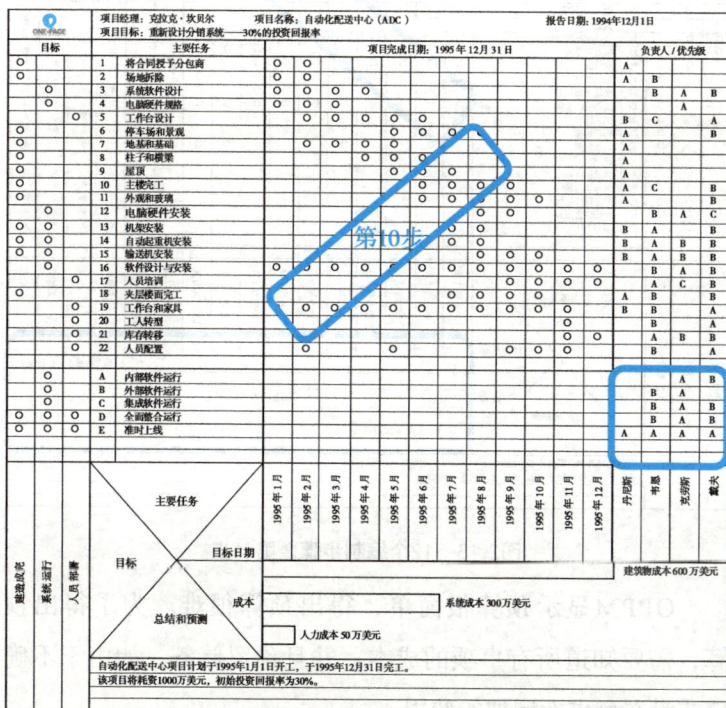

图2.12　12个编制步骤之第10步

第11步：成本

　　OPPM的右下角是预算（见图2.13）。预算的展示方式很简单，使用条形图，预算的每个部分都对应一个条形图。预算内的部分，用绿色表示；超出预算但可修复的部分，用黄色表示；超出预算且不可修复的部分，用红色表示。

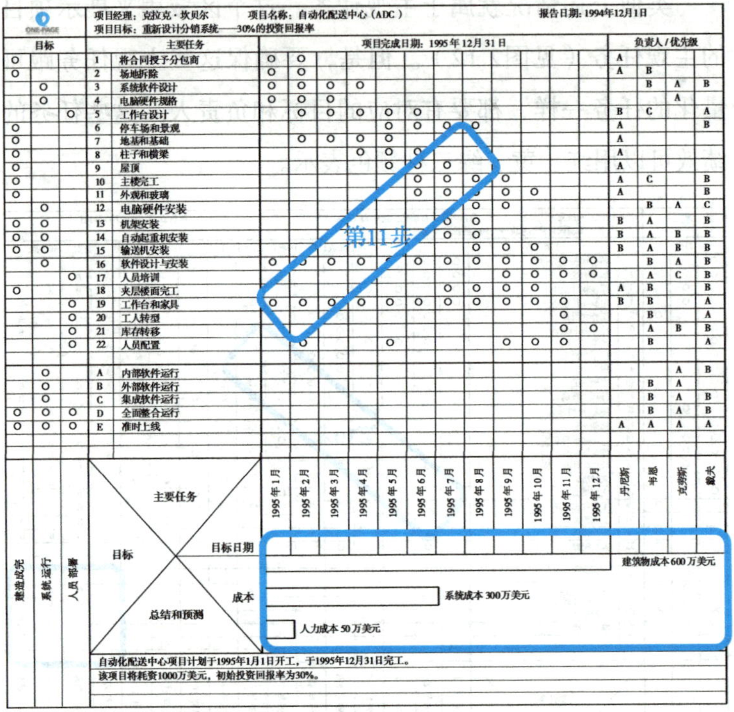

项目经理：克拉克·坎贝尔	项目名称：自动化配送中心（ADC）	报告日期：1994年12月1日
项目目标：重新设计分销系统——30%的投资回报率	项目完成日期：1995年12月31日	负责人/优先级

主要任务：
1 将合同授予分包商
2 场地拆除
3 系统软件设计
4 电脑网络铺设
5 工作台设计
6 停车场和景观
7 地基和基础
8 柱子和横梁
9 屋顶
10 主楼完工
11 外观和玻璃
12 电脑硬件安装
13 机架安装
14 自动起重机安装
15 输送机安装
16 软件设计与安装
17 人员培训
18 夹层楼面完工
19 工作台和家具
20 工人转型
21 库存转移
22 人员配置

A 内部软件运行
B 外部软件运行
C 集成软件运行
D 全面整合运行
E 准时上线

（建造成况 系统运行 人员部署 / 主要任务 / 目标 / 总结和预测 / 成本）

月份：1995年1月—1995年12月

成本：
建筑物成本600万美元
系统成本300万美元
人力成本50万美元

自动化配送中心项目计划于1995年1月1日开工，于1995年12月31日完工。
该项目将耗费1000万美元，初始投资回报率为30%。

图2.13　12个编制步骤之第11步

OPPM显示预算很简单，得出预算很难。为了得出预算，需要知道所有事项的成本，并且预留储备，如由于不确定或潜在变更而增加的费用。

此外，除了成本，这个区域还可用来规划和跟踪项目的一些其他基本指标。

第12步：总结和预测

好的总结可以解决所有模棱两可或显而易见的问题，并消除未来可能的误解。所有人都应在看过总结后"持有相同的理解"——无论是字面上的，还是隐含的意义。总结部分用于回答图表中揭示的问题，而不是解释图表本身。

在分析后，还应加上对未来的预测，这也是对为什么要开展项目做进一步解释。这里要尽量做到简洁、全面，因为OPPM中总结和预测的版面有限（见图2.14）。这是有意设计的，空间不足迫使我们对描述的内容进行精选，并在讨论中保持高效。不要试图通过额外的纸张或附加图表来扩大总结篇幅。在某种程度上，OPPM的优势就在于只有一页纸。

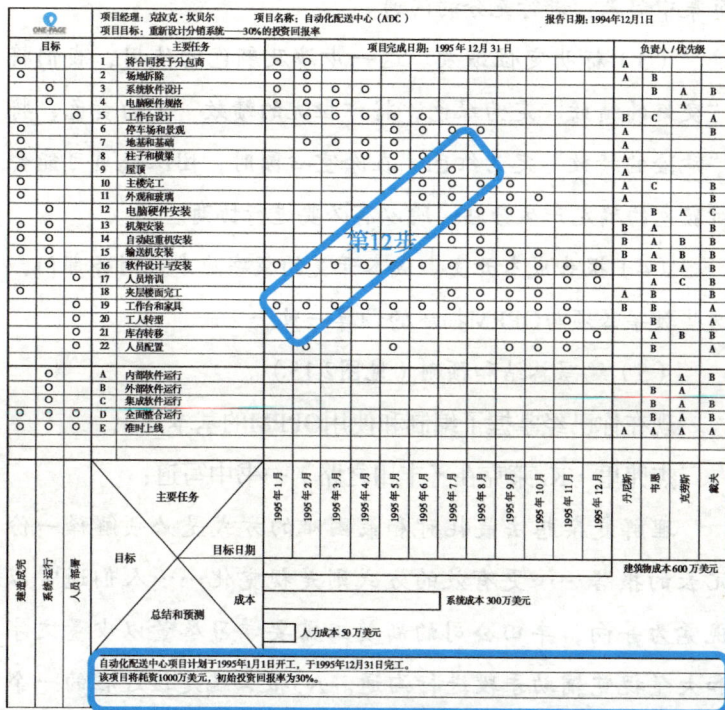

ONE-PAGE
项目经理：克拉克·坎贝尔　项目名称：自动化配送中心（ADC）　　报告日期：1994年12月1日
项目目标：重新设计分销系统——30%的投资回报率

项目完成日期：1995年12月31日

主要任务

序号	主要任务
1	将合同授予分包商
2	场地拆除
3	系统软件设计
4	电脑台规格
5	工作台设计
6	停车场和景观
7	地基和基础
8	柱子和模梁
9	屋顶
10	主楼完工
11	外观和玻璃
12	电脑硬件安装
13	机架安装
14	自动起重机安装
15	输送机安装
16	软件设计与安装
17	人员培训
18	夹层楼面完工
19	工作台和家具
20	工人重塑
21	库存转移
22	人员配置
A	内部软件运行
B	外部软件运行
C	集成软件运行
D	全面整合运行
E	准时上线

第12步

目标　目标日期
成本
总结和预测

负责人 / 优先级

1995年1月～1995年12月

建筑物成本 600万美元
系统成本 300万美元
人力成本 50万美元

自动化配送中心项目计划于1995年1月1日开工，于1995年12月31日完工。
该项目将耗资1000万美元，初始投资回报率为30%。

图2.14　12个编制步骤之第12步

使用 OPPM 创建报告的 5 个步骤

使用OPPM，为每个时间周期（通常是月）创建报告包含5个步骤。在各目标日期接近完成时，应与各位任务负责人面对面讨论，完成以下任务。

（1）加粗显示目标日期。

（2）填写主要任务进度。这一步就是把空心圆涂成实心圆，虽然涂成实心圆本身很容易，但让团队成员就把哪些空心圆涂成实心圆达成一致很难。项目经理的工作是将团队成员集中起来，进行充分的沟通。

（3）标明定性绩效。这一步涉及颜色的使用，我们将"良好的绩效"定为绿色，将"担忧的绩效"定为黄色，将"危险的绩效"定为红色。在涂空心圆时，团队成员可能会对颜色的确定产生分歧，所以有必要进行协商。

（4）报告成本开支。成本开支的数字应来自财务部门，这些数字必须与OPPM描述的预算一致。

（5）编写总结和预测（见图2.15）。

现在你已经掌握了编制和使用OPPM的基本知识。

杰弗里·K.莱克在《丰田之路》一书中写道：

理解复杂想法最耗时和最困难的方式是必须解释一份冗长的报告……更有效的方式则是视觉化……人们通常以视觉为导向，丰田公司的新员工需要学习尽量以少量文字和大量视觉辅助手段进行沟通。A3报告就是该过程的一个关键部分。

项目经理：克拉克·坎贝尔	项目名称：自动化配送中心（ADC）	报告日期：1994年12月1日
项目目标：重新设计分销系统——30%的投资回报率	项目完成日期：1995年12月31日	

主要任务：

编号	主要任务	负责人/优先级
1	将合同授予分包商	A
2	场地拆除	A
3	系统软件设计	B A B
4	电脑硬件规格	A
5	工作台设计	B C A
6	停车场和景观	A B
7	地基和基础	A
8	柱子和横梁	A
9	屋顶	A
10	主楼完工	A C B
11	外观和玻璃	A B
12	电脑硬件安装	B A C
13	机架安装	B A B
14	自动起重机安装	B A B B
15	输送机安装	B A B B
16	软件设计与安装	B A C B
17	人员培训	A B
18	夹层楼面完工	A B
19	工作台和家具	A B
20	工人转型	A B
21	库存转移	A B A B
22	人员配置	B

编号	目标	负责人/优先级
A	内部软件运行	A B
B	外部软件运行	B A
C	集成软件运行	B A B
D	全画廊运行	B A B A
E	准时上线	A A A A

目标日期（月）：1995年1月 至 1995年12月

左侧目标：提前完成、系统运行、人员培训

成本：

- 建筑物成本 600万美元（530万美元）
- 系统成本 300万美元（320万美元）
- 人力成本 50万美元

负责人：丹尼斯、哈雅、克劳斯、戴夫

总结和预测：
- 项目将按时完工。
- 施工过程中节约的成本可用于抵消系统成本的超支部分。
- 工作人员已完成培训，希望全面投入工作。
- 我们相信，剩下的软件问题可以得到解决。改进工作仍将继续进行下去。

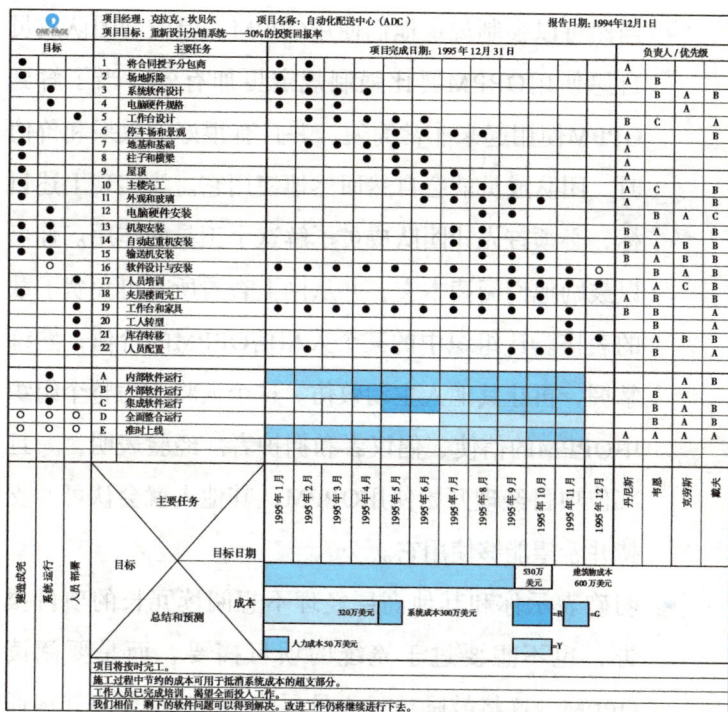

图2.15　自动化配送中心11月报告

本书将OPPM与A3报告结合使用。作为管理项目的高层经理，你需要向团队提供指导，让他们使用这些报告进行充分有效的沟通。我们将在第4章和第5章讨论OPPM与A3报告如何结合使用。

确保OPPM有效使用的几个技巧

下面介绍一些技巧，确保在整个组织中有效使用OPPM。

- 确保项目经理和团队成员了解OPPM发挥的作用。你当然可以强制规定他们使用OPPM，但鼓励团队成员自愿使用OPPM要比强制规定更加有效。当了解到OPPM使用起来非常简便，并且有很好的效果和价值时，团队成员就会自然而然地使用它。为实现上述目标，必须首先让团队成员了解这个工具的作用。你可以鼓励他们阅读本文，并从网上查看所有可免费下载的表格。让组织中的某个人相信OPPM的价值，熟练掌握，再让其他人主动效仿。这个人将成为整个组织中OPPM的信使、倡议者和拥护者。经验表明，一旦某位项目经理开始使用OPPM，其他人就会认可、支持并希望能够使用它。

- 明确表示你和其他高层经理不想阅读冗长的项目报告，也不想要过于笼统的项目摘要，而是要阅读OPPM。这将鼓励项目人员尽快将OPPM作为其沟通工具之一。

- 在组织中使用一个标准的OPPM版本。不要开发多个版本，否则将导致工具复杂、低效。当然，需要根据项目类型对OPPM做出适当调整，以满足项目要求。不过，需要一个标准版本的OPPM，只需在此基础上做出相对较小的修改就能满足各个项目的要求。建议使用图2.2所示的模板。为了使工作简单，应在组织内限制使用多个版本的OPPM。

- 确保整个组织普遍使用OPPM。如果和你类似的高层经理没有坚持要求使用OPPM，那么OPPM永远无法得到有效使用。

使用 OPPM 的收益

- 极大地减少项目审查所需的时间。
- 要求项目经理定期检查项目的所有重要部分，并对责任进行清晰划分，从而提高质量，缩短时间，并提高成本效益。
- 明确特定的重要信息，这些信息通常是无法通过传统的项目总结清晰呈现的，例如，项目特定部分的负责人是谁，以及哪些部分对于满足期限和预算要求格外重要。
- 减少向高级管理层传递重要信息所需的时间、人力和资源，使团队有更多的时间完成他们要做的事情，即完成项目。
- 使用图表方式清楚地显示范围、时间和成本。
- 可减少甚至不必召开正式的项目评审会议。
- 提出正确的问题。
- 描述前期的计划、当前的绩效和对未来的预测。

如何阅读 OPPM

OPPM的几个重要部分都很容易理解。事实上，OPPM很直观，在没有任何说明的情况下我们也能看懂，并理解其主要内容。但下面的简单说明可以帮助理解每个部分背后的想法。可以参考图2.2和图2.15，了解各部分如何与整个OPPM保持一致。

（1）标题。这是基本部分，包括项目经理、项目名称、项目目标和报告日期。看一眼便能知道项目的主要内容、负责人和预期目标。这部分要项目经理和高级管理层共同完成。

（2）负责人/优先级。该部分指明项目的每个部分由谁来负责（谁承担哪个部分），责任是公开的。"A"负责人表示主要负责人，他从始至终承担主要责任。

（3）矩阵。这是OPPM的核心，OPPM的各个部分都汇集到这里，将其作为一个导引，指明在特定时刻你感兴趣的信息部分（目标、主要任务、时间线、预算、总结和预测）。

（4）目标也可称子目标，因为它们隶属于项目的总体目标。此处给项目经理提出建议，可以进一步阐明标题未详细描述的期望。此处也适合使用制定目标的SMART模型。

（5）主要任务。毫无疑问，这是OPPM最重要的部分，在这里可以看到完成项目所必需的主要任务。用数字表示的任务是客观任务，即可以客观度量的任务；标有字母的主观任务不适合客观度量，它们是定性的，而不是定量的。许多OPPM用户发现，定性区域适用于显示挣值（参见附录C）或跟踪该项目三重约束因素中最重要的部分。

（6）任务与目标匹配。这部分在OPPM中起到解释作用。我们查看任务和目标，确保所有列出的任务完成后便能实现期望的目标，这个过程告诉我们哪个目标（或哪些目标）对应哪些任务。OPPM的强大之处就在于它能显示项目不同部分之间是如何关联的。我们用此工具来查看任务与目标如何协同工作，而实际上，我们只需在项目开始时进行这样的分析。

一旦确定了任务将要实现的目标，就不需要再检查这一步了，除非项目目标更改（这实际上很常见）。在执行项目的过程中，你和项目团队可能会重新评估正在进行的任务，这在概念上类似于持续改进。大部分任务只对应一个目标，而且所有任务必须至少有一个目标，但有些任务也允许对应两个目标。如果任务对于实现任一目标都没有帮助，它就不应该存在。

我们应该兼顾任务本身和各任务之间的平衡。例如，在某个子目标领域中，经验丰富的团队会将更多精力投入他们擅长的任务中，而忽视那些他们不太擅长的任务。

（7）目标日期。在此处，可以清晰地看到每项任务的时间进度和截止期限。垂直线告诉我们项目目前在时间线上所处的位置。时间线通常按月划分，但时间划分的单元不一定是月，周期短的项目可能以周为单元，周期长的项目可能以双月或季度为单元。此外，一些项目可能将时间线划分为不同长度的单元。圆圈（用于客观任务）表明分配给每项任务的月份，当圆圈被涂成实心圆，就表示任务已完成。如果某项任务还未被涂成实心圆，而且垂直线在圆圈的右侧，表明该任务落后于计划。

颜色和条形图用于描述主观任务。如果任务是绿色的，表示绩效良好；黄色表示绩效堪忧但可以解决；红色表示绩效严重危及成本、范围和时限。

（8）成本。成本通常由表示预算的条形图体现。预算是独立的，在图形上与时间线无关。预算图很容易理解，能够说明任何给定时间的预算情况。

（9）总结和预测。这在OPPM中只占很小的一部分，原因是确保没有冗长的解释。项目经理和项目团队通过该部分阐述报告主体中有疑问的地方。此部分并不是用来重申那些显而易见的事情，而是用来回答图形所揭示出的问题，并提出解决方案和近期期望。

几点补充

以上是OPPM的基本组成部分。下面再谈一下如何阅读和使用此工具的问题。

- 关注颜色。绿色是我们期望的部分，黄色是应考虑的内容，红色则要重点留意。
- 关注圆圈。应注意垂直线左侧的空心圆。某项给定任务所在横行中，垂直线左侧的空心圆越多，表明它越落后于进度，越是落后于进度，就越需要管理层关注。
- 关注预算，并确保项目要按预算或接近预算进行。如果不是这样，就要注意预算，向项目经理和任务负责人了解情况。总结和预测部分可能足以解决标注黄色部分的问题，而红色部分的问题在大多组织中需要面对面讨论。

- 关注负责人。当某个负责人在几项任务中均出现问题时，他需要做出一些解释说明。追究这类人责任的同时，也不要忽略工作中积极表现的人。在项目进行期间，应对总是能够及时或提前完成任务（或者按预算或低于预算完成任务）的人进行褒奖。OPPM有助于让人们承担责任，当某人表现出色时，他和他的团队都应得到褒奖，因为褒奖的作用是不言而喻的。"当认可被应用于良好的管理时，它可以作为员工良好表现和敬业的催化剂。"（引自艾德里安·高斯蒂克和切斯特·埃尔顿的《胡萝卜法则》。）朱迪思·乌姆拉斯在她的《认可的力量》一书中写道："对工作表现优异的人给予认可能够激发出强大的能量、良好的感觉、高质量的表现和出色的结果。"经验表明，领导者的以下做法会促进团队人员更加努力：（1）扩大褒奖的受众群体；（2）褒奖时语调要抑扬顿挫；（3）通过适当夸张的褒奖增加威望。OPPM的形式十分有利于定期将员工的优异表现告知更多人，它将标准方法论与可靠的数据相结合，确保对优异工作的褒奖得到大家认可。

- 阅读总结和预测。通过此部分可以了解OPPM所呈现的信息背后的原因，以及对未来的看法。

OPPM不提供大量细节，这是事实，我们无法通过阅读

OPPM看到或理解项目的具体细节。OPPM中并未呈现某项任务为满足期限还面临哪些挑战（除非在总结和预测中进行了说明）。这种细节的缺乏是有意设计的，OPPM之所以能成为高级管理层有效沟通的工具，正是因为它省略了大部分细节。对于高级管理层来说，通常情况下不必知道项目上的所有细节。OPPM提供的是大方向上的内容，也就是概况，这正是OPPM的优势所在。如果想知道项目某个方面的具体情况，可以随时询问项目经理或项目主管。OPPM更强调对高级管理层来说重要的内容，而省略其他内容。

第3章　在ISO 9000质量认证中运用OPPM

ISO 9001:2000是对机构质量管理体系的标准。换句话说，这部标准

　　有统计数据表明，泰纳公司拥有整个行业最先进的质量管理体系，是行业的质量领袖。但是，我们的竞争对手有ISO 9001:2000质量认证，而我们没有获得该项认证。虽然我们的质量标准超过竞争对手，但因为缺少该项认证，使我们在竞争中处于劣势。所以从实际需要和商业价值两方面考虑，我们都要取获得ISO 9001:2000质量认证。在公司内部，我们将这个项目命名为ISO 9000，即我们追求的这个质量认证的统称（ISO 9001:2000是ISO 9000质量认证中的一项）。

　　此外，OPPM可以单独使用，也可以作为A3报告的一部分使用。本章重点论述OPPM，在第5章，读者将看到OPPM与A3报告的结合使用。

什么是 ISO 质量认证

　　先为不熟悉ISO质量认证的读者简单介绍一下。监督ISO质量认证的组织是国际标准化组织（International Organization for Standardization），该组织成立于1947年，总部设在瑞士日内瓦。ISO试图建立各行业标准，作为企业衡量自身差距的标杆，通常这些标准都是以技术为导向的。

ISO标准有很多种，最广为熟知的两套标准是ISO 9000和ISO 14000，ISO 9000针对质量标准，ISO 14000侧重环境标准。

ISO 9001:2000质量认证所包括的程序，涵盖了企业经营的关键过程以及监控和追踪这些过程的方法。另外，该质量认证还包括识别产品缺陷的标准以及消除这些缺陷的策略。国际标准化组织声称：

ISO 9000注重"质量管理"。这意味着组织既要通过满足顾客需求和遵守适用的监管规定提高顾客满意度，又要在这一领域能够持续提升绩效。

ISO 9001:2000质量标准建立于2000年，现已在各国广泛使用，国际标准化组织认为，"如果想要建立一套管理体系以确保产品质量符合要求，就应该采用ISO 9001:2000标准"。这套标准体系主要包括5部分：

（1）质量管理体系。

（2）管理职责。

（3）资源管理。

（4）产品实现。

（5）测量、分析与改进。

获得 ISO 质量认证

获得质量认证的过程非常复杂，耗时耗力。我们的每一步都需要明确的质量目标及必备文件。通常情况下，我们必须制定各个关键步骤，并对其进行监控、测量，从而确保我们保持预期的质量水平。

供应商的质量也需要考虑。作为一家公司，我们需要确定公司中每项工作所需的技能，培训所有员工，衡量培训效果。记录这些过程和结果是ISO质量认证的重要组成部分。

获得质量认证并不容易，成本也不低。此前，我们以管理大师约瑟夫·M. 朱兰（Joseph M. Juran）、W. 爱德华兹·戴明（W. Edwards Deming）、菲利普·克罗斯比（Philip Crosby）、新乡重夫（Shigeo Shingo）的工作和精益生产为基础，实施了一系列项目。但如前所述，我们仍需要获得这个质量认证，向市场传递我们的质量承诺以及对持续改进质量的不懈追求。

营销是我们获得ISO质量认证的原动力，由于引入了ISO质量体系，公司的质量文化也得到发扬。从个人角度看，ISO质量认证的质量导向与公司创始人奥伯特·泰纳的观点极为契合（奥伯特曾执掌泰纳公司64年，1993年去世）。在我们公司总部一块黄铜纪念匾上，刻着奥伯特说过的一句话——"我们要始终追求完美"。这句话也成为我们公司ISO项目的标语。ISO质量认证追求进一步改进了我们的质量，有助于我们不断追求完美。

现在，来看看我们编制的OPPM如何管理ISO项目。

应用 OPPM

ISO 9000项目并不需要对标准的OPPM进行过多定制化
（如图3.1所示）。标准组成部分中包括项目目标（列在表格
的左下角），第一个目标是组织承诺，是指组织承诺要获得
ISO质量认证。当然，任何一个项目都需要组织的郑重承诺，
但像ISO质量认证这样的项目，组织中的每个人包括管理层做
出承诺是绝对必要的，所以这成为本项目的目标之一。如果
没有这种承诺，就很容易优先考虑一些看似更紧迫的日常事
务，而将ISO质量认证放在次要位置，一旦发生这种情况，组
织将不可能获得认证。我们还将组织承诺列入"主要任务"
（任务A）中。

如前所述，书面材料和流程是ISO质量认证过程中非常重
要的部分，其他目标也是用来解决这个问题的，包括制定质
量手册、制定程序、制定作业指导书、制定记录、制定内部
审查制度。

项目的各个阶段

我们将本项目分为4个阶段，这与通常的做法有所不同。
我们在OPPM上用灰条勾画出各个阶段，每个灰条标记一个阶
段，分别为设计阶段、实施阶段、验证阶段及确认阶段。这

些阶段为ISO项目实施提供了一种常用的标准方法，以帮助项目团队将项目分解成更易于管理的模块。这些阶段由23个定量任务（1~23）和3个定性任务（A、B、C）组成。

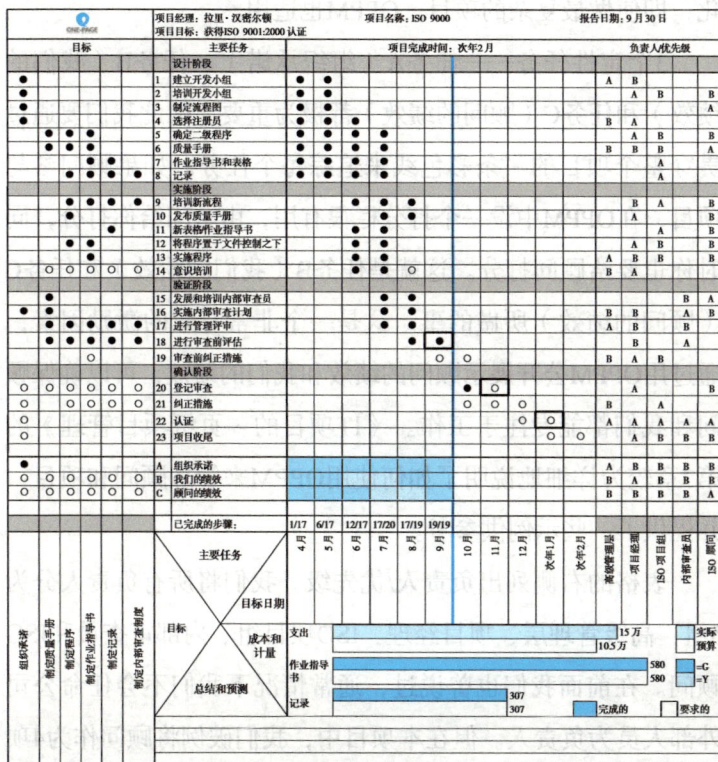

项目经理：拉里·汉密尔顿　项目名称：ISO 9000　报告日期：9月30日
项目目标：获得ISO 9001:2000认证

目标	主要任务	项目完成时间：次年2月	负责人优先级
	设计阶段		
	1 建立开发小组		A B
	2 培训开发小组		A B B
	3 制定流程图		A
	4 选择注册员		B A
	5 确定二级程序		A B
	6 质量手册		B B A
	7 作业指导书和表格		A
	8 记录		A
	实施阶段		
	9 培训新流程		B A
	10 发布质量手册		A
	11 新表格作业指导书		B A
	12 将程序置于文件控制之下		A
	13 实施程序		A B B
	14 意识培训		B A
	验证阶段		
	15 发展和培训内部审查员		B A
	16 实施内部审查计划		B B A
	17 进行管理审评		A B A
	18 进行审查前评估		B A
	19 审查前纠正措施		B A B
	确认阶段		
	20 登记审查		B
	21 纠正措施		A
	22 认证		A A A A A
	23 项目收尾		A
	A 组织承诺		A B B B
	B 我们的绩效		B B B B
	C 顾问的绩效		B B B B A

已完成的步骤：1/17 6/17 12/17 17/20 17/19 19/19

成本和计量：
支出　15万
　　　10.5万
作业指导书　580　=G
　　　　　　580　=Y
记录　307
　　　307

图3.1　ISO 9000项目的9月报告

本项目比较复杂，所以大多数任务都有自己的OPPM，如任务6"质量手册"，制定质量手册本身就是一个非常重要的项目。而有些任务则不需要完备的OPPM，如任务14"意识培训"，培训师只需列一张非常简单的任务列表，包含培训人员和培训时间即可。还有很多其他复杂任务，需要进一步分解，包括额外的负责人、目标和时间线。

OPPM的一大优势就是，在必要时能够不断地深化、细化，即使做最复杂的项目，OPPM也适用。

3个定性任务——任务A（组织承诺）、任务B（我们的绩效）和任务C（顾问的绩效）都极为重要，因此我们要通过贯穿整个项目的一条彩色线来追踪每个任务。如果顾问参与项目，在OPPM中设一个打分栏很有用，由顾问给你打分，同时你也要给顾问打分。这就是任务B（我们的绩效）和任务C（顾问的绩效）所做的事。这是一个非常有效的激励因素，通过用OPPM公开展示顾问的绩效和我们的绩效，可以确保顾问和我们都能专注于工作。《IT项目的一页纸项目管理》的第7章较为详细地说明了如何使用OPPM来管理顾问和项目，并提供了一些示例供参考。

表格的右侧列出负责人/优先级。我们将所有负责人分为5组：高级管理层、项目经理、ISO项目组、内部审查员和ISO顾问。在前面我们也曾说过，通常情况下我们不会任命公司外部人员为负责人。但在本项目中，我们破例将顾问作为4项主要任务的负责人，因为顾问在这些任务中起着非常重要的作用，因而将其任命为负责人是合理的。例如，任务3"制定流程图"，将顾问定为优先负责人，因为我们不知道怎样完成这项任务，而顾问知道怎么做，所以由顾问负责完成这项任务。在使用OPPM时，没有什么事情是绝对的，所有事情都是高度灵活的。项目才是最重要的事情，OPPM是为项目服务的，而不是项目为OPPM服务。

　　时间线（靠近底部的水平线，标注为目标日期）用来显示项目的时间跨度（11个月）以及报告周期频率（每月一次）。报告周期可任意选定，也可以将报告周期定为两周一次，但我们认为每月一次报告的频度既能保证追踪项目，又不至于过于频繁。每月我们用PPT展示OPPM，向整个管理层汇报ISO 9000项目进展。

　　ISO 9000的一个关键且极为必要的组成部分是程序的识别和记录。程序的数量根据项目的具体情况确定，而且会随着时间的推进而变化。这些程序必须详细记录，并配上工作指导书和记录。我们在OPPM中用两种方式跟踪该文件，一种是在各项任务中跟踪；另一种是OPPM独有的，在目标日期的上方有一条线，标记着"已完成的步骤"。4月时，我们觉得需要完成17个步骤，其中1个已经详细记录并完成了（所以4月的框里有1/17）。到7月，我们记录了17个步骤，发现还需要再完成3个步骤（17/20），这意味着我们要在原定的17个步骤基础上再加3个。到了9月，我们发现其实只需19个步骤就可以了，而且这19个步骤都已经完成了（19/19）。

　　我们之前还曾提过，我们用粗体方块来强调重要里程碑。本OPPM有3个这样的方块，第一个是任务18"进行审查前评估"，这项任务要在9月完成，粗体方块指明了这个日期。如表格显示，这项任务是如期完成的；第二个里程碑是任务20"登记审查"，该任务要求在11月完成；第三个里程碑是任务22"认证"，要求在次年1月完成。这是本项目中最关键的3项任务。

在这张表格中，对标准OPPM的另一个修改是成本部分，把"成本"扩充为"成本和计量"。第一个图"支出"中显示我们原本的预算为10.5万美元，而实际支出15万美元，略微超出了预算，所以用黄色表示。

这部分内容还包括了作业指导书和记录，都是完成各个步骤所必需的支撑基础和度量指标。我们公司共有19个步骤，细分为580个作业指导书。例如，可能一个步骤就需要100个作业指导书，而另一个步骤只需要一个或两个作业指导书。记录是用文字记载各个步骤。对于ISO 9000这样复杂的项目，OPPM的重要价值在于让使用工具的人很容易看出项目进展。

关于OPPM与项目进展是否符合的情况，该OPPM中有两个任务落后于计划，有一个任务超前完成。任务14"意识培训"应该在8月完成，但现在已经9月了，还没有完成；任务19"审查前纠正措施"未按计划在9月开始；任务20"登记审查"提前启动，按计划在10月完成，而我们9月就已完成。

另外，要注意一下定性任务A，在整个项目期间绩效都很不错。但任务B和任务C的绩效前后并不一致，6月和7月我们的绩效有所下滑，因为预定的假期使项目进度拖延，8月的绩效恢复正常；而顾问的绩效在7月和8月落后了，到9月开始恢复并赶上了进度。

这些就是ISO 9000项目中OPPM的主要组成部分。这个项目虽然复杂，但并不需要对OPPM进行太多定制化，通过对标准格式进行微调，我们可以用一页纸向高级管理层传递关于项目的所有重要信息。

最后，补充一点，泰纳公司如期获得了ISO 9000质量认证。审查员得出了如下结论：泰纳公司的体系不但符合ISO标准，而且与常见的初次申请者相比，其体系特别成熟且更具活力。

第4章　A3报告简介

丰田公司的一页纸沟通工具

A3报告是由丰田公司发明的标准化报告，目前全球成百上千家公司都在使用这一工具。A3报告因书写报告的纸张尺寸——A3公制尺寸而命名。在一些不使用公制尺寸的公司里，与A3大小最为接近的就是小报，尺寸约为11英寸×17英寸。关于A3纸尺寸的更多内容，可以参见附录A。这种一页纸报告格式可能最初在20世纪70年代由惠普公司开始使用。

迈克·柯林斯曾讲述了一个关于A3报告的故事：

20世纪80年代，我在日本指月集团美国分公司工作时，第一次接触A3报告。当时，我的导师梶川泰彦先生（现在是指月集团的全球CEO兼总裁）将问题的详细描述、解决办法以及实施状况都写在一张纸上。对此我感到非常不可思议，我认为他具有较高的艺术才能，能够用一系列图片将这些信息表现出来。这一系列图片都有框架，看起来和漫画差不多，也正是因为和漫画类似，才迅速引起了我的注意和兴趣。图片很简单也很有趣，内容清晰精炼。当时我不会说日语，而梶川泰彦先生的英语水平虽然在不断进步，但有时也无法清晰表达他的想法，因此我们围绕"漫画"讨论，沟通效果要好得多。

我并不知道看到的那张纸就是A3报告，也不知道A3报告是非常重要且经过精心开发的报告。我以为梶川泰彦先生擅长速写，可以在短短几分钟内用纸笔将事件勾画得如此清晰。随着时间的推移，我惊讶地发现许多日本工程师都可以做到这点，所以我认为他们在小学就学会了这项技能。后来我才知道我看到的是A3报告，由丰田公司发明和使用。在我了解了A3报告背后的学问及其具体操作方法之后，我很快发现我也可以编制同样优秀的报告。我编制A3报告的水平可能比不上我的日本朋友，但我可以用一页纸写出一份精炼、有趣且信息充分的A3报告。

A3报告通常在一张纸上单面书写。其优势之一在于大量使用图形、图片、图表、插图等代替烦琐的文字。虽然现在有些A3报告用笔记本电脑完成，但手写A3报告一直是更好的方式，让那些不会用电脑或没有电脑的人也可使用该方法。更重要的是，当问题发生时，在任何时间、任何地点，手写A3报告都很容易操作。

A3报告最重要的内容不是纸张尺寸或书写报告的方法，而是戴明环和科学方法。

戴明环

戴明环取自W. 爱德华兹·戴明博士之名。戴明环由4个步骤组成，即计划（Plan）、执行（Do）、检查（Check）和行动（Act），简写为PDCA。戴明环对很多方案的成功实施有重要作用。

我们都希望把事情做好，有时急于求成却容易忽略或轻视计划阶段。在行动之前，当我们知道或认为我们知道想要做什么时，我们会认为计划是在浪费宝贵的时间。而在我们费劲地实施想要执行的任务之后，或者在实施过程中，我们经常会问自己当初为什么不多花点时间好好做个计划。当匆忙完成执行阶段之后，我们经常无法检查结果，看看我们是否走上了正轨，看看我们的目标是否实现了。你在执行方案或项目时是否遇到过这些问题？这些问题以及许多其他类似问题影响了我们的项目和方案的顺利进行。

OPPM和A3报告都是可以让我们在执行项目或方案时避免上述致命错误的工具。在每一份出色的A3报告中，我们都可以看到PDCA一次或多次迭代。在泰纳公司，我们发现，成功的项目和方案产生的效果与撰写非常好的OPPM和A3报告密切相关。在学习使用这些工具的过程中，你也会对它们的优势与我们产生共识。

科学方法

　　各位读者不要因"科学方法"这个词感觉有压力。科学方法只不过是给当前世界上存在的解决问题最佳办法的一个"头衔"。即使不是科学家，也能够理解、应用并通过学习使用科学方法而获益。

　　事实上大部分人在日常生活中经常用到科学方法。打个比方，大多数人都烤过面包。我们假设你的新面包机可以设定1~10档温度。第一次烤面包时，在研究面包机操作手册后，你觉得将温度设到5档，烤出来的面包是自己需要的口感。于是，你将面包机的温度设到5档，放入面团后等待。面包机结束工作后，你发现烤出来的面包不是你想要的。第二次你将温度调到7档，结果面包烤糊了。经过几次后，你将温度设到6档，每次烤出来的面包都是完美的。

　　这就是解决问题的科学方法。首先，我们研究给定的情境，根据我们的研究做出决定。用科学的话来说，我们假设将温度调到5档是正确的。然后，通过实验检验我们的判断是否正确。根据实验结果，我们得出了结论。如果对结论满意，我们随后会进行一处或多处修改来反映我们学到的知识。如果对结果不满意，我们会调整流程或想法，完成新一轮的实验，即采用不同的温度重新烤面包。

　　科学方法的步骤通常是以科学术语来定义的，如假设、分析等。在泰纳公司，63%的人母语不是英语，所以必须找一些比较简单的词汇，这样母语为非英语的员工就能更快地学习和掌握。

我们建立了STEPS模型。STEPS是观察（See）、思考（Think）、实验（Experiment）、验证（Prove）和保持（Sustain）5个单词的英文首字母缩写。在本书中，无论何时需要科学方法故事线解决问题，我们都将使用STEPS模型。

A3报告的故事线

A3报告的关键基础在于，它以一种完整、简洁而又实事求是的方式讲述故事。这与法庭上的宣誓词有点相似："你能发誓说事实真相，全部真相，只说真相吗？"通过PDCA循环和科学方法（STEPS），A3报告帮助我们讲正确的故事，讲整个故事，讲故事中最恰当的事实。故事线不仅帮助我们制定简明、可读且有趣的实施报告，还在方案或项目的整个实施过程中引导我们的思维。

A3报告讲述的是什么故事？它可以用来讲述各种不同的故事。A3报告可用来说明和沟通经营策略；可用来说明和沟通需要解决的问题、解决问题的步骤、解决问题可能的方案、对建议解决方案的检验以及最终解决方案的实施。

由于故事不同，故事线会有所差异。如果我们使用A3报告进行战略部署，那么故事线往往会反映PDCA循环。如果我们使用A3报告解决问题，那么故事线就是科学方法（STEPS）。

虽然A3报告可以应用在很多地方，但本书主要关注战略实施和解决问题两个方面，这是A3报告最常用的两种情况。

这两种情况紧密联系，因为任何战略的实施通常都需要解决许多问题。本书呈现的A3报告主要是关于战略实施方面，也就是如何把战略实施好。

A3 报告样本

图4.1是A3报告的一个样本。关于A3报告的详细内容将在后续章节进行介绍。

描述与主要目标

通过将胶炉时间缩短 50%，优化胶合过程。

观察——背景

所谓胶合，是指用胶类物质覆盖徽章的背景或徽章未抛光的表面。这是为了保护未抛光的表面，以防它在抛光过程中受到撞击或摩擦。在抛光前要将胶放入炉中固化，但在最后抛光完成以后，要将这层胶冲洗干净。这是一个无增值的过程。

观察——现状

将胶炉的温度设置在200摄氏度，持续时间 8 分钟，可以获得最佳的固化胶。

思考——目标

至少减少 4 分钟（50%）的胶炉时间。

思考——对策

找到能够减少胶炉时间的最佳时间或温度组合。使用六西格玛作为

改进工具。

实验——进展

我们要确定响应指标（如何衡量胶是否固化了）。胶是一种混合物，其中包含水分，因而湿度损失的百分比可以被看作一个较好的响应指标。我们做了一个硬度试验，证实了当湿度损失的百分比增加时，橡胶的硬度或强度也会提高（两者间有正相关关系）。

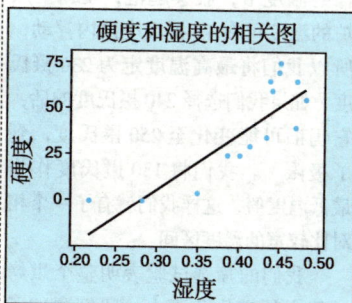

硬度和湿度的相关图

湿度损失的百分比通过以下方式计算：

1. 称量徽章的干重。

图4.1　A3报告

2. 涂胶后再次称量徽章的重量。

3. 得出两个重量间的差值（胶重量1）。

4. 在胶炉中烘烤之后，再次称量徽章的重量。

5. 减去徽章的干重（胶重量2）。

6. 用胶重量2除以胶重量1（%）。

例如：

徽章重量		胶重量1
涂胶后	干重	（差值）
0.340	0.300	0.040

徽章重量		胶重量2
烘烤后	干重	（差值）
0.325	0.300	0.025

胶重量2除以胶重量1	
湿度损失百分比 =	62.5%

硬度可以通过使用硬度计测定。

我们想要筛选出胶炉温度的范围，并以400摄氏度、375摄氏度、350摄氏度、275摄氏度、260摄氏度和250摄氏度作为起始温度。但我们发现这些温度对于胶来说过高。在这样的温度下，胶会起泡，变薄。胶炉的温度可在10摄氏度以内浮动，所以我们将最高温度定为230摄氏度（如果我们选择240摄氏度的话，它仍旧可能变化至250摄氏度，到了极限）。我们将130摄氏度作为最低温度值，这样我们就有了一个相对比较宽的温度区间。

我们的筛选试验表明整个烘烤过程中的变化并不大。我们测试了所有可能影响胶合过程的因素，确认温度、时间、胶和徽章是所有有效因素。

因素	类型	级别	数值
温度	固定	2	130，230
			（摄氏度）
时间	固定	2	2，8（分钟）
胶	固定	2	新，旧
徽章	固定	2	深，浅

徽章因素不是我们所能控制的。因此我们决定基于适用所有情况的时间和温度因素对流程进行优化。

因素	类型	级别	数值
时间	固定	3	3，4，5（分钟）
温度	固定	3	200，220，240
			（摄氏度）
徽章2	固定	3	1，2，3
			（不同深度）

实验——审查

我们发现以235摄氏度的温度烘烤4分钟是最佳方案。

最佳运行：240摄氏度烘烤3~4分钟

最差运行：200摄氏度烘烤3分钟

最佳预测：235摄氏度烘烤4分钟

最差预测：200摄氏度烘烤3分钟

中间值：220摄氏度烘烤3.5分钟

六西格玛测试至此就完成了。

验证——成功的方法

胶炉温度调整为235摄氏度，固化时间4分钟。在做出调整后，"天使"和"魔术"小组出现了一些起泡的问题。进一步的试验结果表明抽屉的温度从顶端到底端都是不一样的。有时会达到30~40摄氏度的差异。其原因是胶炉的构造有所不同。而且胶炉的设计原理也不适宜采用一致的温度。

图4.1　A3报告（续）

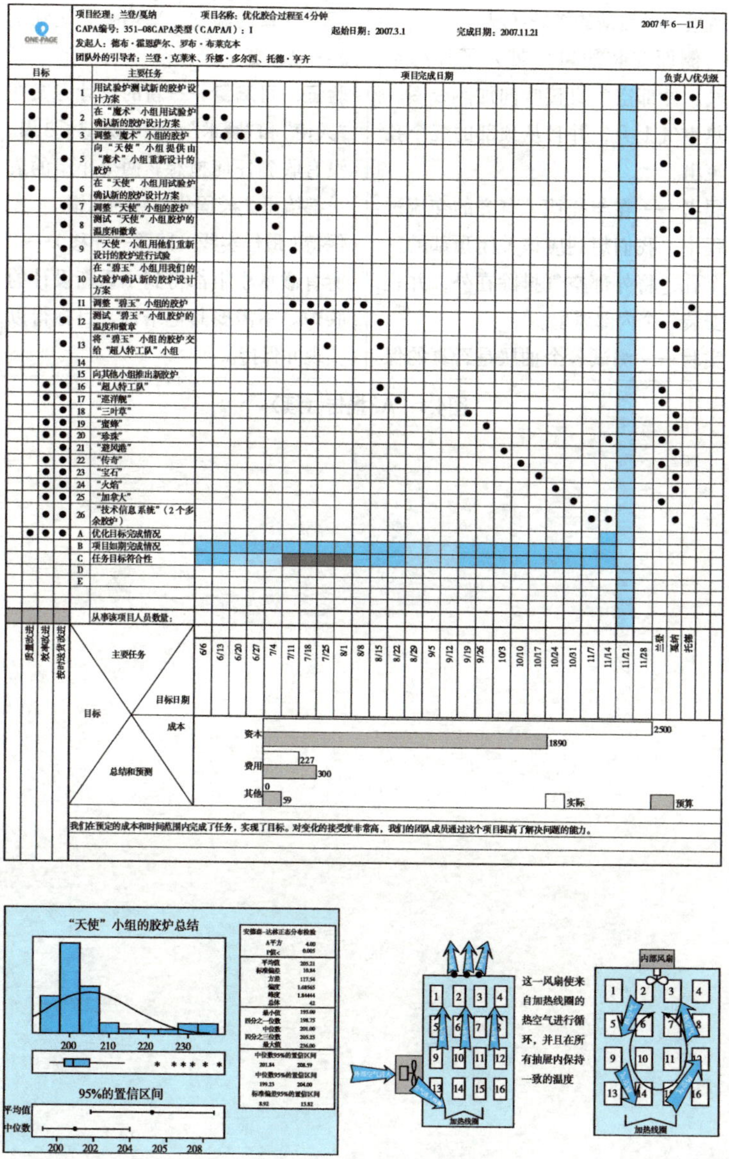
ONE-PAGE
项目经理：兰登/戛纳
项目名称：优化胶合过程至4分钟
2007年6—11月
CAPA编号：351-08CAPA类型（CA/PA/I）：I
起始日期：2007.3.1
完成日期：2007.11.21
发起人：德布·霍恩萨尔、罗布·布莱克本
团队外的引导者：兰登·克莱米、乔娜·多尔西、托德·亨齐
目标
主要任务
项目完成日期
负责人/优先级
1 用试验炉测试新的胶炉设计方案
2 在“魔术”小组用试验炉确认新的胶炉设计方案
3 调整“魔术”小组的胶炉
5 向“天使”小组提供由“魔术”小组重新设计的胶炉
6 在“天使”小组用试验炉确认新的胶炉设计方案
7 调整“天使”小组的胶炉
8 测试“天使”小组胶炉的温度和徽章
9 “天使”小组用他们重新设计的胶炉进行试验
10 在“碧玉”小组用我们的试验炉确认新的胶炉设计方案
11 调整“碧玉”小组的胶炉
12 测试“碧玉”小组胶炉的温度和徽章
13 将“碧玉”小组的胶炉交给“超人特工队”小组
14
15 向其他小组推出新胶炉
16 “超人特工队”
17 “巡洋舰”
18 “三叶草”
19 “蜜蜂”
20 “珍珠”
21 “避风港”
22 “传奇”
23 “宝石”
24 “火焰”
25 “加拿大”
26 “技术信息系统”（2个多余胶炉）
A 优化目标完成情况
B 项目如期完成情况
C 任务目标符合性
D
E
从事该项目人员数量：
质量改进
效率改进
按时送货改进
主要任务
目标日期
目标
成本
总结和预测
6/6
6/13
6/20
6/27
7/4
7/11
7/18
7/25
8/1
8/8
8/15
8/22
8/29
9/5
9/12
9/19
9/26
10/3
10/10
10/17
10/24
10/31
11/7
11/14
11/21
11/28
兰登
戛纳
托德
资本
2500
1890
费用
227
300
其他
0
59
实际
预算
我们在预定的成本和时间范围内完成了任务，实现了目标。对变化的接受度非常高，我们的团队成员通过这个项目提高了解决问题的能力。
“天使”小组的胶炉总结
200
210
220
230
95%的置信区间
平均值
中位数
200
202
204
205
208
安德森–达林正态分布检验
A平方 4.00
P值< 0.005
平均值 205.21
标准偏差 10.84
方差 117.54
偏度 1.68565
峰度 1.84444
总体 42
最小值 195.00
四分之一位数 198.75
中位数 201.00
四分之三位数 205.25
最大值 236.00
中位数95%的置信区间
201.84 208.59
中位数95%的置信区间
199.23 204.00
标准偏差95%的置信区间
8.92 13.82
1 2 3 4
5 6 7 8
9 10 11 12
13 14 15 16
加热线圈
这一风扇使来自加热线圈的热空气进行循环，并且在所有抽屉内保持一致的温度
内部风扇
加热线圈

图4.1　A3报告（续）

观察——目前的胶炉状况

　　侧面安装的风扇带入了外部空气。外部空气直接吹向加热线圈。热空气上升，并且从顶部的三个孔流出。

思考——在与托德·亨齐的交流过程中，我们想到应该关闭顶部的三个孔，将外部空气排除在外，并且安装一个内部风扇。

实验——测试各个抽屉是否真的保持了一致的温度。平均差异达到了5~8 摄氏度。

验证—可测量——新的设计方案在"天使"和"魔术"小组中测试了3周。没有收到任何抱怨。两个小组的成员都给出了胶固化一致的反馈。

保持（最佳实践—回顾—迁移）——所有徽章小组都得到了重新设计的胶炉。不需要其他培训。目标得以实现并保持。

图4.1　A3报告（续）

第5章 在ISO 9000认证中运用OPPM/A3报告

本章我们把OPPM与A3报告结合成一种简捷、有效的执行文件和工具。我们将这两类文件的组合称为"OPPM/A3报告"。

我们使用泰纳公司获得ISO质量认证的过程作为教学案例。

本章旨在展示A3报告的基本组成要素以及如何使用A3报告。当然，仅用一章无法将此问题论述得很详尽。对于不熟悉A3报告的读者，通过本章可学到以下内容：

1. 如何构建并撰写OPPM/A3报告？

2. OPPM/A3报告如何帮助员工更好地执行战略？

3. OPPM/A3报告如何帮助我们成为更好的沟通者和成功的领导者？

4. A3报告具备简洁性和有效性。

编制 OPPM/A3 报告

无论是使用公制尺寸的A3纸还是英式小报尺寸的纸编制

OPPM/A3报告，将OPPM/A3报告的纸张对折，就可以像看报纸一样打开阅读。我们通常会将OPPM/A3报告像报纸一样分为两栏。

即使有时我们发现有更多复杂内容需要记录（与项目、解决问题所做的工作、项目改进等有关），需要正反双面书写，但我们也要尽可能将需要的信息写在一面纸上。这也是我们仍在学习如何更加简洁地表达想法的原因，首先应尽可能尝试用纸的一面去表述，OPPM/A3报告模板如图5.1所示。

部署战略时，我们使用戴明环即PDCA（计划—执行—检查—行动）故事线（见图5.2）。

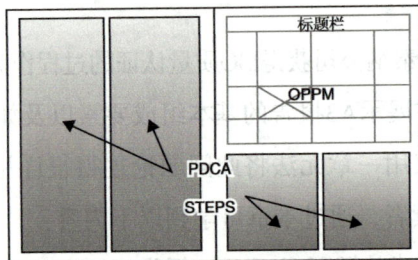

图5.1　OPPM/A3报告模板

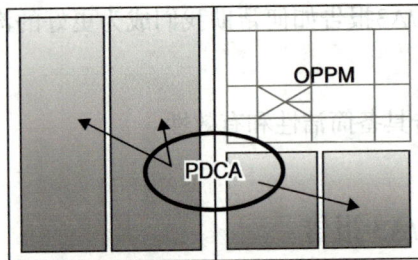

图5.2　以戴明环为故事线的OPPM/A3报告模板

解决问题时，使用STEPS故事线（见图5.3）。OPPM的标题栏也是A3报告的标题栏。根据精益生产原则，无须重复两份报告的标题。

把这个报告折起来后，如同一张小报纸，如图5.4所示。

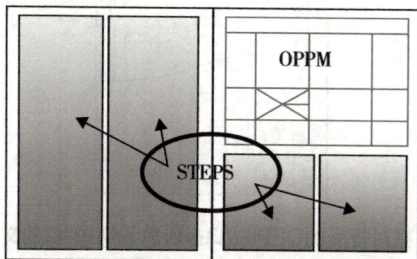

图5.3　以STEPS为故事线的OPPM/A3报告模板

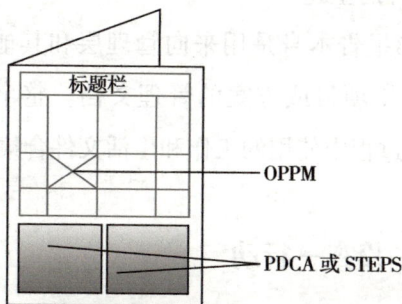

图5.4　对折后的OPPM/A3报告

如有需要，我们可以在折叠的OPPM/A3报告中插入一些支持文档，如研究和实验数据及详细资料，将其作为文件夹使用。OPPM/A3报告本身只包含执行报告所需的摘要数据，而不包括支持性的研究、实验数据及项目细节信息。

为保护OPPM/A3报告，把支持文档和OPPM/A3报告放在一起，我们通常会把OPPM/A3报告插到已经切掉1/2或1/3（半封闭或2/3封闭）的文件夹中，如图5.5所示。

图5.5　将对折后的OPPM/A3报告放入切掉1/2的文件夹中

请注意，OPPM/A3报告在文件夹正面有一个标题栏，能够清晰显示文件的主题。

OPPM/A3报告本身是用来向管理层和其他干系人报告的，同时还属于项目或方案的管理文档。整个文档是贯穿OPPM/A3报告过程中使用的工作和生活文件合集。

计划—执行—检查—行动

本章中我们使用泰纳公司获得ISO质量认证的过程为例，对OPPM/A3报告进行说明。因为PDCA是达到预期改进的战略方案，而不用于解决某个特定问题，因此PDCA很适合使用OPPM/A3报告获得认证的故事线。

有些读者不太了解PDCA，我们将介绍一些关于PDCA的知识。已经熟悉PDCA的读者，可以选择跳过本部分。

计划（Plan）—执行（Do）—检查（Check）—行动（Act），即PDCA，是一种持续改进的方法，由W. 爱德华兹·戴明博士推广，并在丰田公司广泛应用。

PDCA循环的第一步是计划，如图5.6所示。

图5.6　PDCA循环的第1步

计划阶段对"改进"进行了定义。所谓改进，可以是解决一个问题，尝试某个想法，或者做出某些期望的改变。在计划阶段，要定义、研究和分析形势。团队成员必须探索问题的根本原因，然后采用最具创新性的方法和最佳的可行方案来解决问题。计划阶段还需要制定计划进度。

OPPM在OPPM/A3报告中以计划书的形式体现。OPPM可以清楚地告知项目的所有参与人，并向读者阐明努力的方向在哪里。OPPM的信息包括时间框架、参与人、项目进程以及需要完成的任务等，优点在于可以让所有的参与人步调一致，集中力量。

OPPM/A3报告中的A3报告部分是基于计划进行推理论证，也包含所考虑的对策，以及改进的必要性和原因。优点在于能够建立认同，所有有关人员甚至包括由于项目进展受到影响的人员都可以参与创新或思考。

PDCA循环的第二步是执行，如图5.7所示。

图5.7　PDCA循环的第2步

执行是指实施计划。通过OPPM，人们可以发现并使用可视化方式传递现有进展信息，用图形方式描述目标绩效。通过使用OPPM这种工具，项目的所有参与人，包括管理层都能看到计划的异常和改变，并对此做出反应。

A3报告在执行中的作用是记录执行阶段得到的经验教训。到底是什么因素在起作用？什么因素不起作用？原因是什么？需要做出哪些调整？为什么要这样调整？在编制A3报告时，请记住，报告不仅供当前读者阅读，还要考虑到未来的读者。将来其他人可以从我们的错误中吸取经验教训，在我们成功的基础之上继续前进。如果其他读者对我们的经历不了解，就什么也学不到。A3报告就是记录这一学习过程的，此外，它还帮助管理层清楚地认识到目前在某项工作上投入精力的原因。

PDCA循环的第三步是检查，如图5.8所示。

图5.8　PDCA循环的第3步

在本阶段，我们需要分析计划的执行情况，审查并确认是否达到了既定目标，计划进行的工作是否真的实现了战略意图。PDCA循环使用的"检查"一词，如果换成"研究"，其含义更易于理解。这个时候我们应反问自己，我们是否在正轨上，是否能够或应该做更多的工作。这些想法以及结论都将记录在A3报告中，这对于要进行相同或相似工作的人而言极为宝贵。

PDCA循环的第四步是行动，如图5.9所示。

图5.9　PDCA循环的第4步

在检查阶段如果发现未能完成全部计划或结果未能达到预期，那就必须依据这些信息采取行动，进行必要的调整，使工作回归正轨，或者加快工作节奏，实现预期目标。

我们应该从以往失败中总结经验教训，要认识到很多经验教训都是从失败中学到的。而OPPM/A3报告中的A3报告部分应该记录这个学习过程，这是能够体现A3报告价值的一种重要方式。

在检查阶段，如果发现已经完成了预定目标，那么在行动阶段至少要完成两件事，一是要确保OPPM/A3报告记录了所有合理的想法、经验和结果，并将报告提交给组织内其他相关部门，在整个组织中分享经验；二是要思考下一步该做哪些努力和改进，并开始新的PDCA循环，这就是持续改进的思想所在。当一个PDCA循环结束后，继续进行下一个PDCA循环，如图5.10所示。

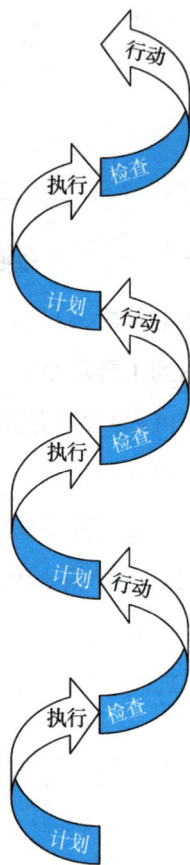

图5.10　PDCA循环之持续改进循环

OPPM/A3 报告在 ISO 认证中的作用

多年来，泰纳公司一直努力朝着精益生产方向转变。2003年，公司销售人员建议我们申请ISO认证，因为他们认为公司全球化发展需要ISO认证，这是争夺市场的必备竞争武器。

　　我们已经拥有很多定义明确的流程和系统。ISO要求使用的表述方式不同，我们认为ISO的要求在很多方面会迫使我们放弃多年的努力。因而挑战就变成了既要获得ISO认证，又不能抛弃多年来的成果。而且在我们申请ISO认证的同时，精益生产正在切实开始加速，我们不愿意失去在精益生产方面取得的成绩。另外，我们当时认为，要获得ISO认证，就必须落实很多额外的文件，实施附加的工序，这完全不符合我们的精益生产理念。尽管如此，公司领导还是认为获得ISO认证意义重大，这是公司战略的重要组成部分。

　　你会发现获得ISO认证不是要解决的问题，虽然在获得认证的过程中会产生一些问题，但这应该是一个战略方案。对于战略方案，PDCA这样的故事线则是最合适的：

- 计划要实现的目标。
- 执行或实施计划。
- 检查结果。
- 根据实际进展与计划的差异，开展行动，确定我们下一步的改进方向。

标题栏

　　我们从OPPM简单的标题栏开始，编制OPPM/A3报告。项目名称或问题描述、管理层中的发起人、项目经理、团队成员的名字以及相关日期，都可以写入标题栏。

我们在ISO认证方案中所使用的标题栏如图5.11所示。

项目经理：拉里·汉密尔顿　项目名称：ISO 9000　报告日期：2003年9月30日
项目目标：获得ISO 9001:2000认证

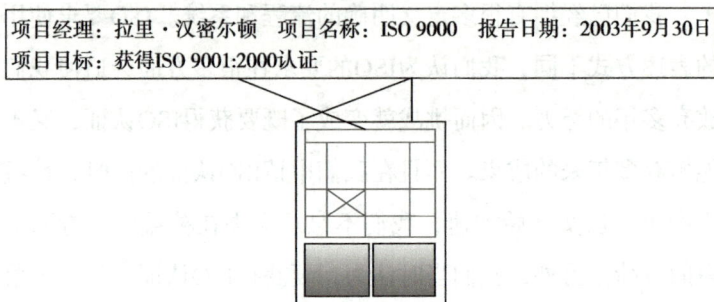

图5.11　ISO认证使用的OPPM/A3标题栏

一份好的A3报告在计划阶段通常包含以下6个元素：

（1）背景。

（2）当前状态。

（3）根本原因分析。

（4）未来状态（目标）。

（5）对策或建议的行动。

（6）实施计划。

计划——背景

我们使用OPPM/A3报告获得ISO认证首先从背景开始。整个故事从11英寸×17英寸的纸的最左边开始，如图5.12所示。

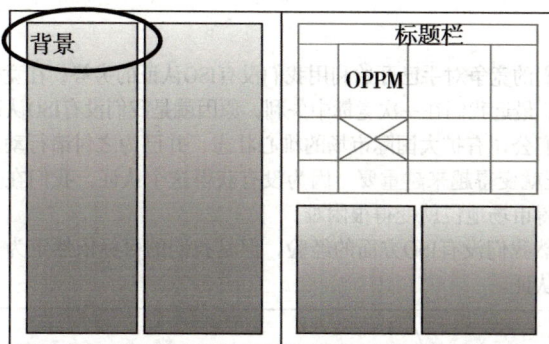

图5.12　ISO认证使用的OPPM/A3报告模板

　　背景应该包括问题产生的精炼回顾以及对问题的清晰阐释。在ISO认证所使用的OPPM/A3报告中，我们所做的背景陈述非常简练：

　　我们没有ISO方面的经验。

　　我们申请ISO认证是由客户决定的。事实上，因为缺少ISO认证，我们已经流失了一位重要客户（一家重要的化学品制造企业）。虽然我们公司的产品质量在行业内是最好的，但因为缺少ISO认证，竞争对手可以借此占据先机。

　　在拓展国际业务时，我们需要ISO认证的帮助。

　　图5.13展示了我们在OPPM/A3报告中所做的背景陈述。

　　介绍我们对ISO认证需求的背景和历史，是理解手头任务、达成共识和构建愿景的最佳方式。

背景：

　　我们的竞争对手已开始利用我们没有ISO认证的劣势，在竞争中针对我们。最近我们在一次竞标中失利，原因就是我们没有ISO认证。

　　我们公司有扩大国际市场的雄心壮志，并已为之付诸行动。获得ISO认证就变得越来越重要，因为没有获得这个认证，我们在大部分国家赢得市场地位就变得很困难。

　　虽然我们没有ISO方面的经验，但是我们的目标依然定为在年底时获得认证。

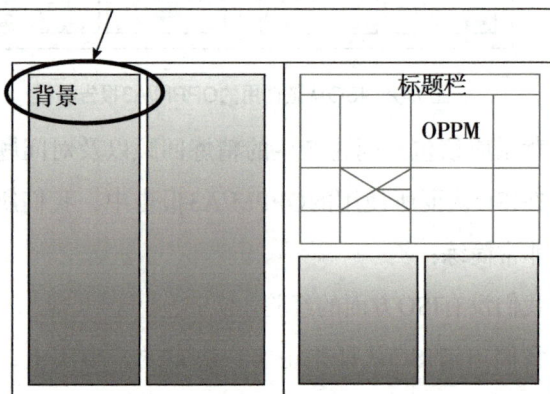

图5.13　ISO认证使用的OPPM/A3报告中的背景

计划——当前状态

　　计划的下一个组成部分是对当前状态进行准确描述。这项工作通常需要花费大量精力调研，包括数据采集、价值流程图、调查、观察、测量等。这部分的描述将会成为衡量未来改进的基准，所以要确保陈述或至少其关键部分是可衡量的。

　　在申请ISO认证的过程中，因为缺乏ISO方面的专业知识，我们确实感到费时费力。我们要在最短的时间内，尽可能多地了解ISO的相关事宜。我们面临着一个严重的问题，我们公司有1 600名员工，没有人具备ISO认证方面的经验。我们根本不了解获得ISO认证需要满足何种条件或需要做什么，甚至不清楚ISO认证的申请流程。很显然，我们需要外部帮助，于是决定找一位合格的ISO咨询顾问或一个顾问团队。

在找到ISO顾问并得到他的指导后，我们很快发现需要对目前的工序和系统进行认真审查，并与ISO的标准进行对比，从而建立基准。

我们还发现认证过程需要招募ISO注册员。

在申请ISO认证的前期，我们在陈述过程中发现需要内部审计和外部专家，这也是一个学习过程。在OPPM/A3报告中记录了这个学习过程，能为其他公司申请ISO认证提供借鉴。

图5.14展示了我们在OPPM/A3报告中对当前状态的陈述。

接下来，团队成员开始收集ISO的相关信息，以便能清晰地认识和理解问题，找到可能解决精益生产和ISO问题的方法。重要的是，小组应自己确定问题所在及影响程度，而非毫无疑义地接受他人对问题或项目性质的陈述。

当我们的团队开始研究ISO认证的要求时，大家逐渐认识到，并非所有要求都如原来设想的那样难以达到。大家对要求每进行一次研究，对ISO的描述方式和手头任务的涵盖范围就会有更清晰的认识。这也体现出团队开始参与到项目中了。

当前状态

　　我们对ISO进行了初步研究，由于ISO要求较高，申请过程复杂，而我们的申请周期比较短，因此很明显我们需要外部帮助。在公司内部，没有人具备足够的经验来引导整个申请过程。所以我们决定找一位经验丰富的ISO顾问来完成这一战略举措，这对申请能否成功至关重要。当发现仅靠我们自己连计划阶段都无法完成时，聘请顾问的事情立即被提上日程。通过广泛调研，我们聘用了顾问。另外，我们还需要获得ISO注册员的帮助，因为整个认证过程都是通过注册员完成的。我们的ISO顾问将协助寻找合适的ISO注册员。

　　我们在ISO审查总结中（见附件）包含了关于ISO项目审查前评估的细节。概括来说，我们认为ISO认证的大部分要求已得到满足。当然，我们还需要修正一些表述方式，要为员工提供大量的培训，以帮助他们更好地理解ISO的要求和表述方式。另外，为确保符合要求，我们还要做一些细微调整。

　　我们的工作量随着认证过程的开展会逐步增加，因此必须时刻提醒自己关注周期，以保证按期完成任务。

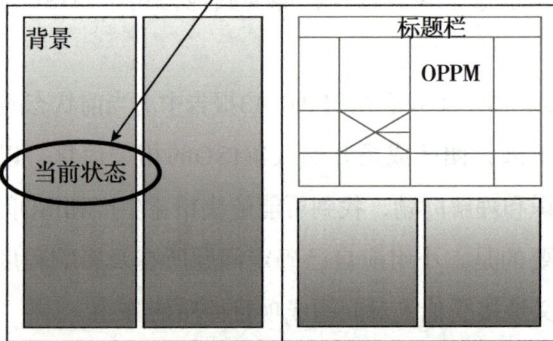

图5.14　ISO认证使用的OPPM/A3报告中的当前状态

　　在当前状态陈述中，通常包括质量、成本、交货数据、帕累托图、石川图等，有时还会包括当前的流程图。当前状态陈述应该提供足够的细节，对目前状况进行清楚且简单的描述。图像、图表等都是非常有用的工具，建议多使用。

　　A3报告很重要的优势是促进有效沟通。当A3报告进行到这一步时，就可以将信息拷贝给项目干系人，项目干系人由于团队工作产生的变化而受到了影响，这种做法非常有效。通常将A3报告放大成海报，架在三脚架上，放在员工区域或对团队工作影响最大的区域，能引人注目。除了海报，还会张贴一些要求反馈的标志，任何关心项目进展的人都可以反馈自己的意见。三脚架周围会放置一些便笺纸和记号笔，方便大家留下反馈意见。

计划——根本原因分析

　　根本原因分析是指对问题进行深入研究，直到发现问题根源。我们常常全盘接受他人对问题进行的陈述，很少考虑这个陈述是否正确。但是通常被陈述的问题根本不是问题，而是潜在问题的表象。根本原因分析有多种方法：5个为什么、KT（Kepner-Tregoe）问题分析法、帕累托分析法、故障树分析法、石川图等，我们可以也应该使用这些工具找到真正的问题所在。

　　在申请ISO认证的过程中，我们并不是要解决某个具体问题，而是要建立一套全新的规范。所以，我们的OPPM/A3报告中未设立"根本原因分析"这部分内容。

计划——未来状态（目标）

　　当对现有问题或工作有了比较清楚的认识后，团队就开始对理想的状态形成认识。这时，团队可以设定工作目标。项目发起人以及其他相关领导者应对这些目标进行审核。通常是由团队成员和相关人员一起开短会，然后双方达成一致的意见。会议的议程包括陈述问题、总结当前状态、描绘未来目标或状态。会议的目的是围绕团队的工作方向和目标与公司的发展方向达成共识。明确团队的努力方向和目标，有助于团队成员加大投入。

由于感受到了竞争压力以及迫切想要扩展国际市场，所以我们决定必须尽快获得ISO认证。我们将获得ISO认证的目标日期定为2004年1月。我们将这个未来目标写入了OPPM/A3报告，如图5.15所示。

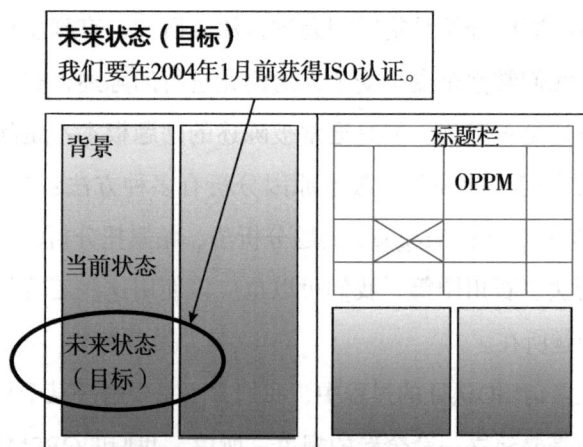

图5.15　ISO认证使用的OPPM/A3报告中的未来状态（目标）

接下来，我们将之前在公司内部战略位置分发和张贴的A3报告进行更新，把未来状态（目标）加进去。但是，有一点必须注意，这些陈述要务必经过认真思考后才能张贴。许多陈述有可能被理解为裁员通告。在张贴这些信息之前，最好能和所有相关人员会面，与大家交流一下团队的真实目的。如果裁员的确是目标，那就更需要与人事调动相关的人员沟通他们的任务，以及他们要如何为新任务做准备。

计划——对策或建议的行动

对策通过大量分析和头脑风暴形成，是可以用来解决问题或完成方案（如在本例中）的方法。解决方案这个词有种结束的含义，这与精益生产的理念相反，因为精益生产的理念是事情总有可以改进的机会。所以，在精益生产方面，采用的是丰田公司关于"对策"的描述，即并不意味某种工具、工序或系统再没有改进的空间。

对策通常是先陈述一个假设，然后是一个实验描述。例如，超重的对策可能是：

如果我每天减少400卡路里的摄入量，那我的体重一周可以减轻1磅。如果我坚持10周，那我的体重应该能减轻10磅。

这种减肥方法可能有用，但目前还不确定，只有等做了10周的实验结束后才知道。我们会在周期结束后对结果进行检验，如果结果未达到预期，那我们就会对实验进行调整。在这类陈述中，我们可以看到PDCA循环的影子，因为好的对策都包含PDCA循环。

对策的内容必须向所有干系人准确传达。另外，这也是项目实施阶段开始前给所有对项目感兴趣的人的最后一次机会和邀请，任何近期产生的想法都应该与项目团队进行交流，目的是要与受对策影响的人员或与对策有关联的人员达成共识。

对于获得ISO认证，我们必须思考想要成功需要哪些步骤。显然，需要的步骤有很多，因此我们对步骤进行了排序，即定义阶段、实施阶段、验证阶段、确认阶段。这4个阶段成为我们组织开展所有工作的高级别对策，如图5.16所示。

对策或建议的行动

    定义阶段：我们已经符合ISO认证的大部分要求，但还没有制定公司层级的质量手册。需要一支团队来牵头完成这项工作，并且需要跨部门的合作。

    实施阶段：在发布质量手册时，我们需要格外重视对员工的培训，培训内容包括质量手册、新ISO格式以及作业指导书的使用。

    验证阶段：在申请ISO认证之前，我们需要完成几次自我审计和管理评审。

    确认阶段：申请ISO认证。

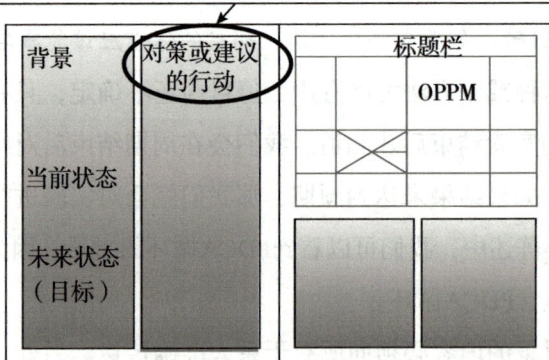

图5.16　ISO认证使用的OPPM/A3报告中的对策或建议的行动

计划——实施计划

在大多数A3报告中，此部分用来展示计划变更实施。计划包括每项工作的日程、负责人以及其他细节问题。

当将A3报告和OPPM结合在一起时，我们可以在实施部分减少高层级的综述——对实施计划的简介或概述——而把细节留给OPPM处理。OPPM从更详细、更相关的角度呈现计划，包含内容、人员、时间、计划进度和其他信息。如果读者需要细节，尤其是那些与项目进展相关的细节，可用A3报告的实施部分快速浏览或回顾，而由OPPM提供细节。A3报告结合OPPM展示的信息要远多于A3报告展示的信息。OPPM位于OPPM/A3报告的右上方。

在第3章，我们描述了在ISO认证方案中如何使用OPPM。在ISO认证使用的OPPM/A3报告中，我们仅加入了一个关于计划的简短且高层级的陈述，而细节包含在OPPM中，如图5.17所示。

在计划的实施过程中，必须确保更新已张贴和分发的OPPM/A3报告，以便将所有人都团结在一起，持续建立认同感。

执行

PDCA循环的第二步是执行，即实施计划。OPPM就是我们的实施计划书，在计划实施阶段，每天都会用到OPPM。它为我们的管理指明方向。在项目或方案的实施过程中，它为我们提供高层级信息，告诉我们每天需要做哪些事情。它告诉我们在计划的每一步，谁该承担领导责任，还涉及哪些员工，除此之外，还能为我们提供目前执行结果的跟踪记录。最重要的一点是，它让所有人都清楚需要做什么工作、有哪些人参与、何时何地参与。

实施

从OPPM报告可以看出，我们还有很多工作要做。很显然，要完成ISO认证，需要组织内所有人都提供协助和支持。我们的日程安排也很紧张，整个实施阶段都需要管理层深度参与。

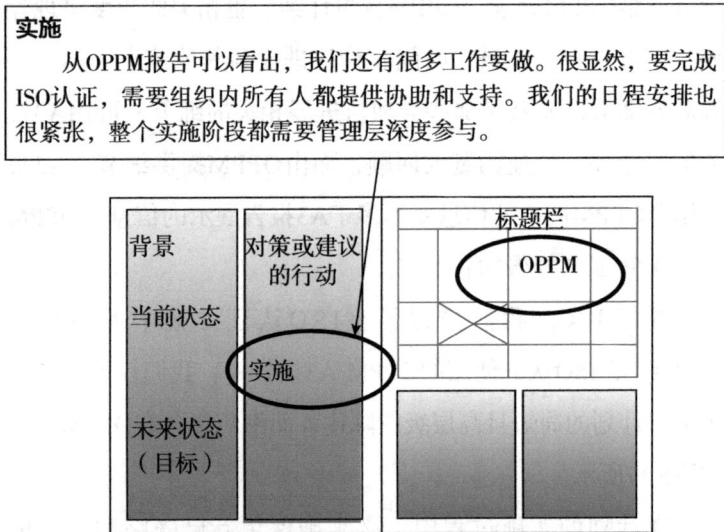

图5.17　ISO认证使用的OPPM/A3报告中的实施计划

需要注意的是，当我们能围绕计划进行良好的沟通、所有人都能参与并在项目中达成共识时，我们的绩效往往会超出预期。刚开始，获得ISO认证这项任务让我们觉得非常困难又令人生畏，尤其是同时并行几个重要项目。即便如此，通过良好的计划以及清晰的愿景，我们还是超出了预期目标，基本上提前一个月获得了ISO认证。回顾整个过程我们发现，最初我们还怀疑能否如期完成任务，因此这次成功的意义就更为重要。

图5.18是我们为ISO认证工作编制的OPPM。

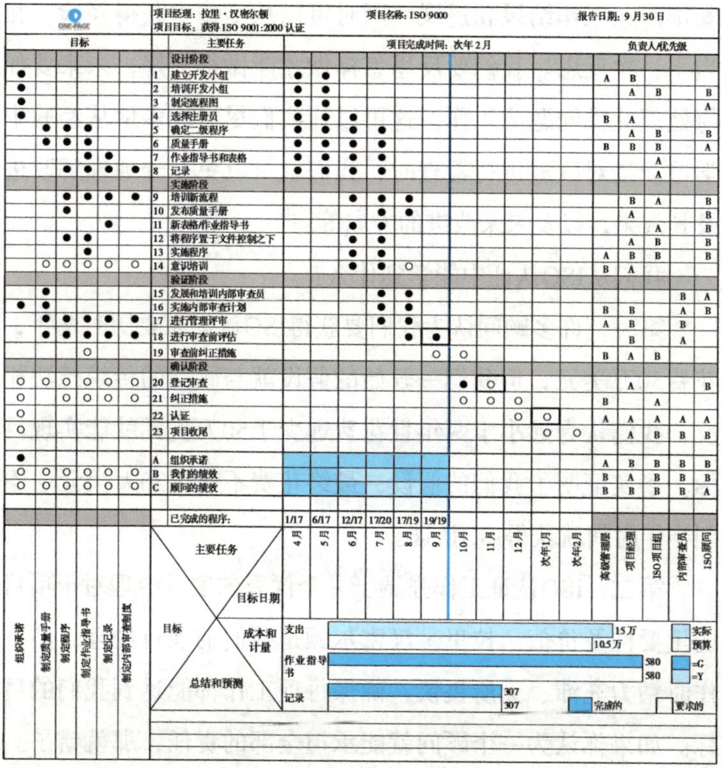

图5.18 为ISO认证工作编制的OPPM

检查

检查是PDCA循环中非常重要的一个步骤，当推动改进实施及完成改进实施之后，就需要进行检查。人们往往会忽视这一步骤，但千万别忘记进行检查。在实施改进措施时及未来改进之后，一定要检查改进产生的影响和结果。

检查并不只是确认事情是否做完，还要根据目标或日程安排回顾工作结果和进展，同时可以从工作中获得经验，相当于一次反思。我们要反思怎样做才能做得更好，未来要如何处理此类问题或工作，这可以让我们尽可能多地从经验中学习。当对改进进行检查时，我们就可以更充分地理解改进及其效果，以及未来改进的方向等。

我们从ISO认证中能学到什么？

第一，许多顾问认为我们要获得ISO认证需要历时两年，花费50万美元，但我们一开始的假设就与顾问的传统想法相反，我们认为远小于两年且花费远少于50万美元就能实现目标。事实证明了我们的假设，最终花费不超过20万美元、不到半年时间就获得ISO认证。

第二，ISO认证工作强调了一个优秀的项目经理对于项目的重要性及价值。拉里·汉密尔顿是我们的项目经理，他工作时精力充沛、无所畏惧，确保每项工作都能达到我们的目标。如果你认为一个顾问就能承担全部的责任，那就错了。如果想要改进工作，就要全力以赴，不能只是思考。

第三，如果想获得ISO认证甚至在公司成立早期就想获得的话，我们就应该尽早去申请。换句话说，我们不应该推迟这项工作。

第四，强大的目标（如在不到半年的时间内获得ISO认证）可以激发一些人的潜质，甚至可能超出人们对自己的判断。德布·霍恩萨尔已经在我们公司工作了很多年，展现了多方面的才能，主要体现在其极有天赋的写作能力上。因此，我们在起草质量手册时，充分发挥了她的写作才能。但这个方案带来的压力非常大，所有的团队成员都需要做更多的事，才能走出他们的舒适区。

除了需要一份完善的质量手册，还需要有人能够就质量手册的内容和使用方法进行培训。德布是最佳人选，因为她对质量手册的内容最熟悉，还能够在内部审计方面提供最好的帮助。德布不仅出色地完成了分配给她的任务，而且成了我们ISO项目组的负责人，至今她还在继续负责公司的ISO工作。

第五，我们过去认为ISO和精益生产是无法互相补充的。当初我们将ISO纳入泰纳公司的改进体系时非常谨慎，后来发现ISO能够对精益生产起到补充作用。我们所做的工作和丰田公司的优秀领导者所做的工作是一样的，我们将ISO理念中的精华纳入泰纳改进体系中，最终，我们公司成了更优秀、更有实力的公司。这样的学习过程强化了我们的意志和信念，我们也总结出：想要成为伟大的公司，就必须认真聆听、谨慎思考、思维开放、始终求变。

第六，我们再次印证了即便是复杂的项目也可以将其简化。这是在效率和充分之间寻求平衡。图5.19显示了我们ISO项目的检查阶段。

检查

在ISO认证初期，我们遇到了很多挑战，有一些挑战非常棘手。在回顾整体进展和工作完成的状态时，我们发现最重要且对未来工作有借鉴意义的是：

1. 不以牺牲质量为前提，缩短时间和降低成本永远都是可能的事。依靠团队合作、英明领导、长远目标和全身心投入，我们将成本从原来预算的50万美元削减至20万美元以内，时间从原来预计的2年缩短至6个月。

2. 优秀且意志坚定的项目经理对于成功完成项目来说是个关键因素。顾问的思维方式也非常重要。更重要的是，我们公司拥有一个优秀的项目经理并能在工作中全力以赴。

3. 我们不应该拖延获得ISO认证的进程，必须一直保持向前推动，克服忧虑和恐惧，要相信我们能做的远远要超过我们想象的，动力源于我们自身。

4. 坚定的目标、优秀的领导能培养员工，提高能力。

5. 要始终保持思维开放，认真聆听他人意见，愿意做出改变。随着我们不断学习并将ISO融入泰纳改进体系中，我们的工序也在不断改进。

6. 我们再次认识到，消除浪费、专注增值，能够将复杂的任务简化，这就能在效率和充分之间实现平衡。

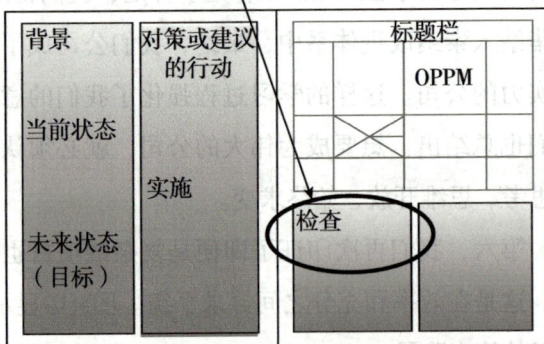

图5.19　ISO认证使用的OPPM/A3报告中的检查

行动

检查之后是行动。行动可以是做出简单的改进或增加培训，也可能是因为某些不可预见的问题或无法实现预期结果而放弃改进。在很多情况下，行动是定义、计划以及安排下一项改进工作和下一个PDCA循环。

最重要的是行动环节不容忽视，因为在这个步骤中：

- 可以发现和运用知识。
- 确保持续改进的循环。

在完成ISO认证工作后，我们认识到，获得ISO认证只是完成了一项里程碑，而我们仍需要继续努力一段时间，直到ISO的理念深深融入我们的工作方式中。因此，我们最初计划的行动就包含了一系列的培训和内部审计。

我们在加拿大的公司也需要ISO认证。在讨论加拿大公司怎样获得ISO认证时，我们回顾了ISO认证工作的经验，确定可以在不聘用顾问的情况下获得ISO认证，这和我们ISO顾问的想法截然相反。我们将项目经理拉里·汉密尔顿派往加拿大，最终在预定时间内且没有求助于ISO顾问的情况下获得了ISO认证。

当时，基于ISO认证方案所获取的知识，我们还计划了其他活动。一个执行良好的PDCA循环通常会延续出下一个PDCA循环，这是持续改进的过程。ISO工作的行动阶段如图5.20所示。

使用OPPM/A3报告获得ISO认证的项目，只是我们运用OPPM/A3报告的众多案例之一。无一例外，OPPM/A3报告为每个使用该报告的项目增加了成功的可能性。使用OPPM/A3

报告后不会产生歧义，能达成清晰的共识和一致的努力方向。我们常常更容易在更短的时间内，以更低的成本实现目标。最重要的是，员工的参与度和创造力得到了有效提升。所有这一切引领我们获得了更大的成功，加快了公司发展的步伐。

行动

  完成ISO认证所付出的努力更加肯定了我们公司秉承的原则，更加坚定了我们的信念。为使这些思想扎根于本公司的文化，我们做出了相应的部署，即将认证中的一些经验写入公司即将发布的4份内部简报中，并鼓励在公司会议上讲述ISO认证的故事。我们也已预先安排了时间，让培训师和团队领导总结经验，并且建议他们用这些故事作为案例对员工进行培训。

  我们的项目团队两周后将开会，组织讨论本次方案中如何使用OPPM/A3报告。我们把建议改进的内容列成一张清单，并在适当的情况下对清单内容进行审核和实施。

  我们已启动并制订计划，在我们加拿大公司进行ISO认证中使用OPPM/A3报告。

  我们还计划下一年度开展4门提升并专注ISO的培训课程，并建议每名员工都参加这4门课程。

  为确保与ISO认证相关的变革更加深入人心，我们在2004年每季度末进行一次ISO自我审计。

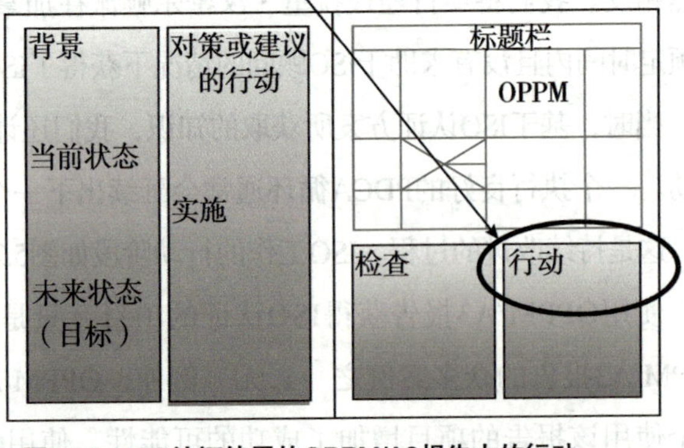

图5.20　ISO认证使用的OPPM/A3报告中的行动

第6章 项目管理办公室与执行

拉里·博西迪和拉姆·查兰在《执行：如何完成任务的学问》一书中定义了执行的两个要素，包括：

- 执行是将现实与战略对齐，使人们瞄准目标，并取得承诺的结果的学问。
- 执行是将商业的三个核心流程——人员选育、战略制定和运营实施计划联结起来，按时完成任务的方法。

在教学、咨询和个人管理经验中，我们发现，一个强大的、有效的项目管理办公室（PMO）能够提供必要的支持，是对齐和联结的内聚催化剂。

每个项目都是在某个地方运行的。一个小项目可能在某人的办公桌上运行，并且可能是该人若干职责之一。或者，一个项目可以由一个核心办公室负责协调，该办公室专门致力于企业内项目之间的沟通。再者，一个大型项目可以拥有自己的办公室。

PMO泛指这样的一些个人或小组，他们至少具有8个高层级的、公司范围的项目管理职责，这些职责都聚焦于确保项目被成功地启动和管理。

本章将介绍PMO如何有效运用OPPM，履行这8个项目管理职责。

项目仪表盘

PMO的第一个重要职责是，维护组织内的项目仪表盘。PMO在高层级上跟踪项目的进展，并向上级管理层汇报，这是PMO的关键职责。向公司高级管理层汇报的目的是，让他们了解项目进展情况，以及何时需要给予关注。PMO要确保高级管理层在高层级上对以下基本领域有充分的了解。

- 负责人：项目的各个部分由谁负责；
- 成本：项目已经花费多少成本，还将花费多少成本，目前是否符合预算（如不符合，相差多少）；
- 任务：与计划相比，项目的可交付物和活动的进展情况；
- 进度计划：项目各项任务是何时完成的，或者预期何时完成；
- 目标：是什么（项目要实现什么）和为什么（为什么要做这个项目）。

只要项目正在实施过程中，PMO就需要将这些有关信息汇报给高级管理层。对于PMO而言，OPPM是一种沟通工具，能在PMO和高级管理层之间高效地沟通关键的信息。OPPM对一个有效的PMO至关重要，这并非言过其实。之所以至关重要，是因为OPPM将所有重要的信息整合到一起。在公司众多项目与高级领导者之间，它是重要的沟通纽带。信息借助于OPPM从PMO流进流出。OPPM将信息组织成易于制作、便于阅读和理解的表格形式，以此来管理信息。如果没有OPPM，PMO将被淹没在大量的信息中。此外，输出的信息清晰明了，并整合到OPPM中。这就是仪表盘。

　　OPPM使PMO有能力收集、分析和报告大量项目信息。它提高了PMO的运作效率和沟通的有效性。通过要求每位项目经理都使用OPPM汇报工作，那么在每个项目中，你都将得到只有一页纸的报告。这是对信息的筛选和总结，也是衡量PMO是否卓越有效的基本标准。

企业项目方法论

　　PMO的第二个重要职责是，成为企业项目方法论的统领，并保持团队改进的热情。PMO必须提供支持方法论的工具，而且要对项目管理系统负责。实际上，OPPM的价值在于它是项目沟通系统。PMO使用OPPM作为汇报和沟通项目的方法论。PMO要确保每位项目经理都知道如何使用OPPM。毋庸置疑，OPPM有助于促进组织内项目管理的专业化，它提供了操作规程，从而可以强化项目管理。

项目培训

　　PMO的第三个职责是，培训和指导项目经理发展他们的技能。例如，在泰纳公司，我们的目标是，在任何指定的时间都能至少让95%的人接受培训和使用OPPM。完成此任务的过程是这样的：我们的项目经理和参与项目工作的员工阅读《一页纸项目管理》，并从有OPPM使用经验的项目经理那里接受该工具的通用培训和专项培训，通常PMO还会激励大家使用该工具。当然，亲身体验工具并随时讨论使用方法，将有助于让使用者更熟悉并轻松掌握该工具。

除了OPPM培训，PMO还鼓励大家通过其他阅读材料、讲座和研讨会来扩充项目管理"知识体系"各个方面的工作知识。

项目方法论的一致应用

PMO需要确保方法论的一致应用，这要投入很多精力，因为人们通常想背离组织建立的标准。使用者认为，他们有办法改进OPPM，或者他们的项目很特殊以至于需要自己的OPPM版本。PMO需要管控这些倾向，并不是不能改进OPPM，或者不允许根据具体情况修改OPPM，而是必须在高层级处理这些变更，以防止工具"四分五裂"。如果不加以控制，这种倾向将在短期内导致许多不同的OPPM格式，从而失去标准化和一致性的优势。

PMO必须保持标准方法和持续改进的平衡。一致性具有真正的价值。它有助于在使用者头脑中强化工具的价值。它使项目经理和团队成员专注于重要的事情。它使组织中的每个人都可以更容易地学习如何制作、使用和解读该工具。只要在一致性和创造性之间取得适当平衡，就能产生效率和实现卓越。

该工具能够帮助高级管理层理解传递的信息。想象一个组织有许多项目，每个项目都有不同的OPPM。高级管理层不得不"破译"每个版本的OPPM试图传达什么，而在整个组织中使用一个简单和一致的工具，仅对不同类型的项目进行较小的变更，由此带来的优势将因OPPM的众多版本而被彻底破坏。请关注这条底线：OPPM是PMO最重要的沟通工具。

请记住，对于大型项目，OPPM不会排斥、取代、替换项目经理想要使用的任何工具，如微软的Project项目管理软件或甲骨文的Primavera项目管理软件，OPPM是一个附加工具。一个大型项目可能有一个高层级的OPPM，然后向下分解，得到项目各方面的附加的OPPM。例如，对于一个软件项目，我们可以使用一份OPPM来管理聘用的咨询顾问，可以使用另一份OPPM来选择软件，还可以再用一份OPPM来管理有限发布和软件测试工作，等等。处于顶级的OPPM，将概括报告所有在它之下的OPPM。高级管理层看到的是顶级的OPPM。

项目的领导者需要在标准化和定制化之间寻求平衡。高级管理层必须警惕使用者定制OPPM的倾向，以防OPPM在不同项目、不同部门之间有显著差异。某些事情必须保持一致，例如，颜色（及其含义）的使用、符号的使用（用空心圆表示未完成的任务，用实心圆表示已完成的任务）等。

OPPM的这些方面不能改变。

　　然而，该工具的某些方面是可以修改的。例如，有些项目可能使用一周作为时段单位，而其他项目则使用一个月作为时段单位。一些OPPM可能包含图表，而另一些则没有。PMO的领导者必须具备必要的判断力，以便在保持标准的同时，允许创造力和创新带来的调整。

　　重要的是要理解，PMO要编制一份综合的OPPM——提供正在跟踪的所有项目的概览。每个项目的项目经理需要向PMO提交OPPM，然后PMO将其汇总至一个整合的OPPM，该报告本质上是个列表，列出所有当前的和最近完成的项目。通过这种方式，高级管理层可以快速了解组织内所有项目的实施情况。如果他们想要某些项目的更多信息，可以进一步查阅这些项目的OPPM，从而避免向项目团队进行低效询问。

项目公共关系

　　关于如何使用OPPM向上与组织高级管理层沟通，我们已经讨论了很多，同时OPPM也能够用于与组织内外的干系人的沟通，这些干系人可能对某个特定的项目感兴趣。PMO可以使用该工具进行推销，以及与组织外部各方沟通项目各方面的信息，外部各方可能需要了解相关信息，但并未深入参与项目。OPPM的简洁清晰使它成为出色的沟通工具。使用OPPM可以向外传递信息给各个干系人，如供应商、公司内的经理、公司的人力资源部门（他们希望跟进谁在做什么项目）、内部审计部门和销售部门（他们希望快速了解新产品的进展情况，以便知道新产品何时可用于销售）。

　　顺便说一下，OPPM还会带来一个可能并不明显的额外好处——缩短管理层会议时间。因为每个人都参阅同样的一页纸，既有字面信息，也包括内在含义。当PMO举行会议时，参会者可以快速了解项目各方面的基本信息。这确实能节省很多时间。很多管理层会议都过于冗长。有了OPPM，你可以引用报告中的内容，因为每个人都知道并理解这份报告。当问题与某人的责任范围密切相关时，人们的注意力会聚焦于此。当转向其他问题时，注意力焦点会随之分散开。有了OPPM的帮助，讨论更加清晰、简洁和直达要点，而这是确保每个人有效参与会议的关键。

项目优先级

　　OPPM能够帮助PMO对项目组合中的项目进行排序。当PMO编写一份包含所有项目的OPPM时，那些出现在报告中的项目自然就获得了优先级。它们先于其他项目获得资金支持和各类资源。

　　OPPM还清晰地展现了不同项目对组织的需求。当一个项目出现在公司的OPPM中时，例如，某项目涉及303人，或者不论有多少人，报告会提醒每个人注意某些项目的负荷，以及这些项目需要各部门和整个组织承载的负荷。该工具帮助管理层了解不同项目投入的资金和人员的情况，以及把项目投入与日常业务经营所需资源进行平衡的必要性。通常，很难恰到好处地平衡项目和日常业务经营的需求。实施项目是为了能更好地满足明天的客户订单，但这可能以牺牲今天的订单为代价。OPPM描绘了如此清晰、容易实现的项目愿景，因此它有助于管理层在当下和未来的需求之间保持平衡。

项目审核和纠正措施

整合的OPPM有助于PMO和高级管理层关注所需的纠正措施。PMO在汇报这些项目之前，要进行项目审查。OPPM能够引发PMO和项目团队对项目的重要方面进行深入思考。当然，无论是否使用OPPM，团队都会考虑进度计划和预算，但他们通常不会留意项目各部分工作的负责人是谁，或者项目各部分工作如何与重要目标或战略意图相联结。OPPM使这些重要的联结显而易见。

通过使用OPPM，你和你的团队会考虑项目所有必不可少的因素，项目各部分之间的关系，以及参与项目的人员。OPPM可帮助你节省时间，这样使你有时间能够进行精细规划。由于采用了OPPM，PMO的工作也将更加完整和有效。

还有一件事：因为OPPM将绩效与个人（负责人）相关联，所以当事情进展顺利时，高级管理层可以从OPPM中获悉并采取行动，如给予赞扬或积极的认可。该工具有助于激发整个组织的赞赏文化，而不仅仅是采取纠正措施。

项目档案和持续改进

通过为每个项目编制OPPM（这很容易做到，因为即使是大型项目，每周都会生成一份OPPM，这样，持续一年的项目就有52页报告），PMO能够轻松创建和维护已完成项目的档案。

这些OPPM成为项目学习的知识库。正如乔治·桑塔亚纳的一句名言所说："那些无法从历史中学习的人注定会重蹈覆辙。"通过这些档案，未来的项目领导者和团队就能够从中学习。这些档案展示了事情是如何完成的，项目是如何开展的，在哪里遇到了难题及如何被团队攻克。使用OPPM创建项目的历史记录既简单又高效。当项目完成时，PMO只需将所有的OPPM装订好并放进文件柜，同时保存电子版本，以便备份和检索。

示例

PMO向管理层提供一份月度报告，其中包含每个战略项目当前的OPPM。月度报告的封面是一份OPPM，展示了所有项目绩效的概览信息。PMO的这份概览OPPM必须为每个公司级项目传达以下信息：

- 与公司战略的一致性；
- 与年度经营计划的相关性；

- 资本预算跟踪；
- 费用预算跟踪；
- 参与项目的人员；
- 项目当前绩效或状态；
- 符合进度或延迟；
- 指派的项目经理；
- 执行团队的职责；
- 整合、概括。

这是沟通网的核心。

图6.1是一个通用模板。图6.2是一个虚构的Mount Olympus公司的例子。你将在第7章看到另一个例子。让我们直接来看一下2006年11月的报告。

从左边看第4个标题，你会看到费用。在"费用"下面两列的底部，是"实际费用"和"费用预算"的标签。前一个用来汇报实际支出，后一个用来汇报预算金额或预计支出。例如，图6.2中的第5行与Zeta项目有关。它的预算为35万美元，但只花了22万美元，因此还剩下预算13万美元。然而请注意，该项目的进度延迟了。

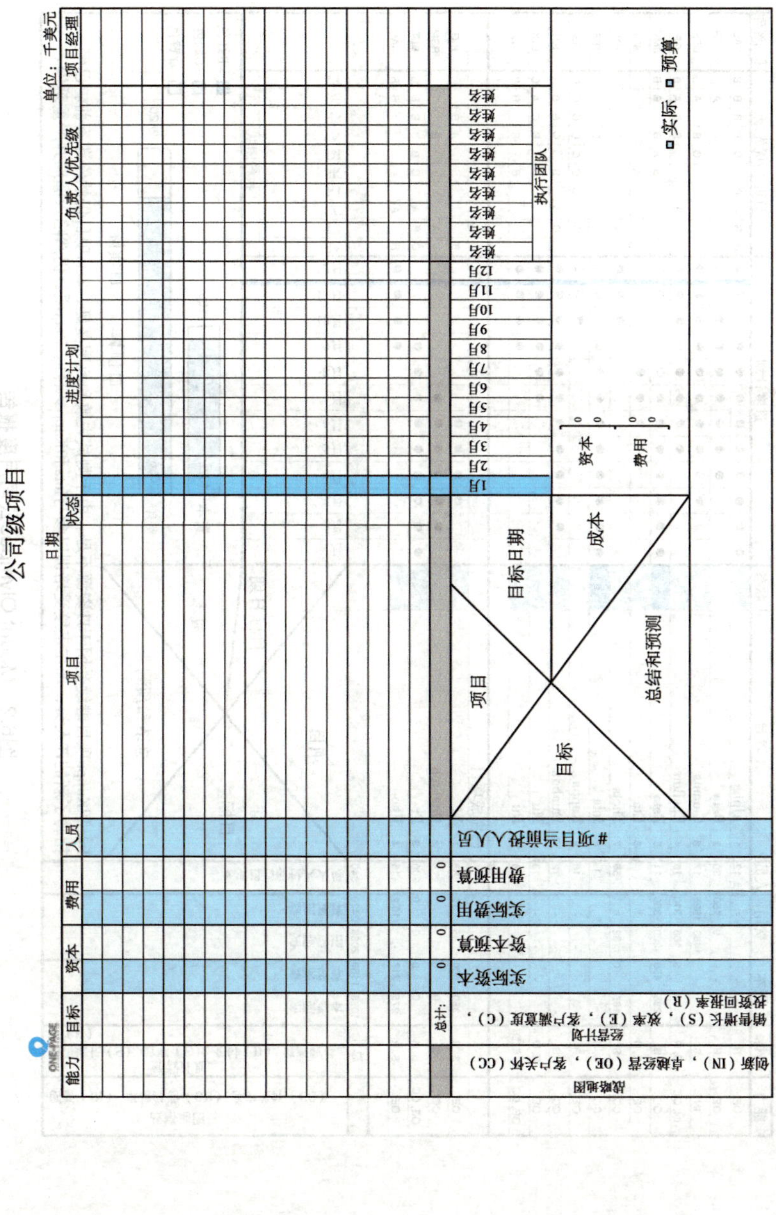

公司级项目

单位：千美元

能力	目标	资本	费用	人员	项目	日期	状态	进度计划													负责人/优先级	项目经理
								1月	2月	3月	4月	5月	6月	7月	8月	9月	10月	11月	12月		成员	

执行团队（成员）

□ 实际 □ 预算

目标日期　成本

项目　目标

总结和预测

资本　费用

近期项目及投入人力

总计：	预算回报率	0
	已花费用	0
	资本预算	0
	已花资本	0

销售增长（S），效率（E），资产周转率（C），税后回报率（R）

创新（IN），卓越运营（OE），客户关系（CC）

战略地图

图6.1　通用模板

Mount Olympus公司
2006年度公司级项目
2006年11月

单位：千美元

图6.2 Mount Olympus公司月度报告

Iota和Kappa项目继续受困于IT资源不足。由于测试失败和范围蔓延，Zeta项目仍然停滞不前。已经招聘了新的IT人员，现在正在接受培训以参与Iota和Kappa项目。Zeta项目仍然陷入重围并严重延误。

图例： =R红色 =G绿色 =Y黄色
□预算 ■实际

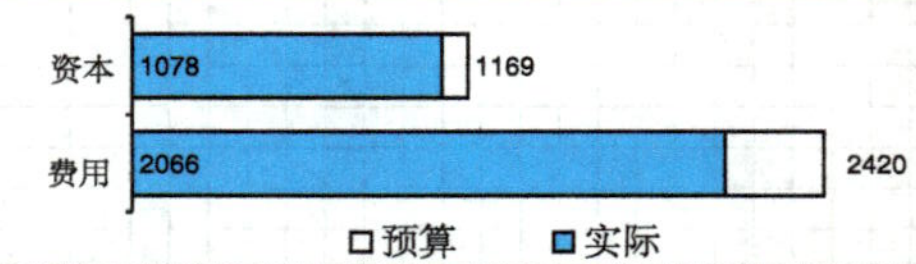

| 资本 | 1078 | 1169 |
| 费用 | 2066 | 2420 |

事实上，如果你看一下时间表下方，你会看到一条粗体竖直线，它告诉你这份OPPM报告的时间是11月。然而，这个特殊的项目（Zeta项目）有4个空心圆在此线左侧，表明这个项目已经延期4个月。实际上，共有3个项目延期了，这可以从这些项目在竖直线左侧的空心圆看出来。此外，有8个项目提前了（这可以从竖直线右侧的实心圆看出来）。

像Epsilon这样的项目，在表格中的第4行，5月之前都没有用圆标注，这表明该项目从5月开始。第6个项目Eta的圆标注到9月，这表明项目计划在9月结束。有了这些时间表上的圆，你就可以看出项目何时开始、何时结束（或者开始和持续时间已经超出OPPM的时间范围），还可以了解到哪些项目是按时进行的、落后的或提前的。

左边的第一列是能力。在这列底部，列出了公司的3个战略目标：创新、卓越经营以及客户关怀。Mount Olympus公司致力于成为市场上的创新者，在经营方面追求卓越，并在如何满足客户方面更加出色。如果一个项目没有重点对应的战略目标，那么这个方框将明显是空白的。在这列中，你可以看到每个项目如何与战略目标相联结。Zeta项目在这列中是卓越经营，这向读者表明，这个项目与公司卓越经营的战略目标相联结。

第二列是目标。这些目标包括销售增长（S）、效率（E）、交付（D）、资产收益率（R），以及一些非战略性的短期目标。除了交付，也许其他目标都是不言而喻的，而准时交付也是反映客户满意度的一个指标。Zeta项目的目标是刺激销量，因而该项目与销售增长的目标相联结。

　　费用的左边一列是资本，这是指项目的资本支出。资本支出通常与购买有形物品有关，如使用寿命超过一年的设备，这将在资产负债表上显示，而费用则在损益表上显示。Zeta项目的资本预算为45万美元，其中28.5万美元已经使用。

　　费用的右边一列是人员，它列出了参与每个项目的员工数量。这可以使管理层知道，在任何给定时间投入每个项目的人数。Zeta项目有11人参与（包括全职、兼职及非全日制员工）。任何人只要在项目上投入了时间，就会被计算在内。经验表明，实际花费的工时很重要，但在这个层次上并不是最关键的。

　　表格的最后一列是项目经理。我们看到，Zeta项目的项目经理是JMV，他对这个项目负责。项目经理左边一列的标题是负责人/优先级。这些人是高级经理，项目由他们部门中的人员实施。实施项目并负有责任的人，按其重要性的优先级列出［A表示承担主要责任，B和C表示承担次要责任（按A、B、C递减），起辅助作用］。

　　表格的中间是状态列（这列有颜色），表示每个项目的总体绩效。如果是绿色的，表明该项目进展顺利——它的进度和成本基本符合预期，不用担心。如果是黄色的，则表明项目出现了一些问题，但仍有时间解决，此时并不用高级管理层担心。这些项目可能有点延误或超支，或有其他一些问题，但最后将仍能令人比较满意地完成，所以不需要高级管理层过多干预。红色表示有问题的项目。Zeta和Iota项目的状态均以红色显示，如前所述，Zeta项目比计划晚了4个月。此类项目通常需要高级管理层的干预，他们可以提供跨部门的支持，或者重新确定项目优先级。

整合的OPPM的右下角的矩形显示了合并后的资本预算和费用预算。资本预算总额为116.9万美元，其中107.8万美元已支出。费用预算总额为242万美元，其中206.6万美元已支出。这些数字都是绿色的，表明总体而言，不需要担心预算方面的问题。

在表格中间的粗体水平线下列出的4个项目——Xi、OmiCron、Pi和Rho——都是最近完成的项目。你可以看到它们已经完成了，因为所有的空心圆都被涂成实心圆，且在时间表上没有空心圆了。

页面底部的矩形填写的是总结和预测。在这里，提到Iota和Kappa项目继续受困于IT资源不足。由于测试失败和范围蔓延，Zeta项目仍然停滞不前。新的IT人员已经部署到Iota和Kappa项目。Zeta项目仍然陷入僵局并严重延误。在此，你要简明扼要地回答因进度延误，以及红、黄状态所引起的疑问。在你的解释之后，还需要对项目未来的预期做出高层级的预测。

借助PMO整合的OPPM，高层管理者能够快速了解所有项目是如何开展的，它们如何与战略相联结，以及谁来负责这些项目。CEO等人只须快速浏览，就能获知相关信息。OPPM提供了如此多的信息，且易于消化理解，这帮助PMO

实现了自身目标，即沟通公司项目进展情况。它帮助PMO完成了本章开头提到的8个项目管理职责：

（1）项目仪表盘。

（2）企业项目方法论。

（3）项目培训。

（4）项目方法论的一致应用。

（5）项目公共关系。

（6）项目优先级。

（7）项目审核和纠正措施。

（8）项目档案和持续改进。

正如你现在所见，OPPM对于有效的PMO是必不可少的。

第7章 OPPM、A3报告和战略部署

通常，在战略规划期间，高管们会将自己隔离在一个"隐蔽"的环境中——备有所需的销售和市场预测，以及一些有关客户意见的材料。这么做的结果就是生成一份漂亮的、装帧考究的报告，然后它就会躺在架子上（落满灰尘），直到下次规划活动开始，高管们才把它从架子上取下来，重新回忆去年这份不切实际的报告，并反思为何会偏离航线这么远……

造成这个问题的主要原因在于典型的战略规划过程。许多公司不能使用信息系统进行合理规划，然后又没能正确执行计划，而该计划是由信息系统收集的数据所驱动的。错误不在于信息系统，而在于规划过程和执行过程。

马特·拉尼乌斯

本章将讲述如何才能避免大多数战略规划工作的失败及人们因此而产生的不满。我们将告诉你如何使用OPPM/A3报告进行战略规划工作，以及如何通过OPPM/A3报告简化这项

工作。

在本章中，读者将了解以下内容：

- 战略部署（或政策部署）的精益实践；
- 方针管理的含义；
- OPPM/A3报告在战略部署中的应用；
- 如何进行战略规划。

什么是战略部署

战略部署是精益管理体系的关键元素。在精益管理体系的术语中，"Hoshin Kanri"通常被称为方针管理，这是一个日语词汇，表示战略部署或（更准确地说）政策部署。通过OPPM/A3报告进行战略部署是执行商业战略的一种非常精炼且简单的做法。A3报告和OPPM是战略部署的基本工具，并极大地促进了这一实践。

用精益或丰田生产的用语来说，一份非常基本的OPPM被称为一个X矩阵。然而，精益实践者会注意到，OPPM不仅仅是一个简单的X矩阵，更是一个极致的X矩阵。

战略部署的目的是提供一个计划或行动方案，以指导业务的日常决策和管理，并以最快的速度执行业务战略。这与许多人经历的战略规划工作截然不同。

部署是指系统地分配资源。部署规划了如何在执行计划时最佳地利用资源，并确定了何时、在何处和如何利用这些资源。

A3报告是对战略的陈述，包括战略决策、战略目标及战略成功。OPPM陈述的是，如何部署和使用所需资源来完成战略。将A3报告和OPPM结合在一份文件中，可展示关于战略部署的所有关键信息。

战略部署实践

战略部署实践包括：

- 一个向下层层分解的计划；
- 一个向上汇总整合的报告。

通过计划层层分解和报告逐级整合，组织的所有层级都参与其中，并与组织的战略目标保持一致，所有人员都可能影响战略制定的成果。每一层级的计划都以更详细的信息支持其上一层级的计划，即父计划。图7.1描述了报告之间的关系。最高层级的计划是对战略工作的宏观阐述，提供了愿景、方向、目标和目的。最低层级的计划是详细说明，即在给定时间内所需完成的活动和要达到的目标。

人体的运作过程与战略部署的运作过程是类似的。大脑并不控制身体的每个动作。例如，大脑会向心脏发出信号，表示需要更强的机能，但心脏的活动是自主的。此外，心脏不会告诉细胞具体做什么。与此相反，当细胞接收到来自周围环境的输入时，它们会做出适当的反应。细胞的反应会影响心脏的输出机能，而心脏的反应会影响整个身体。

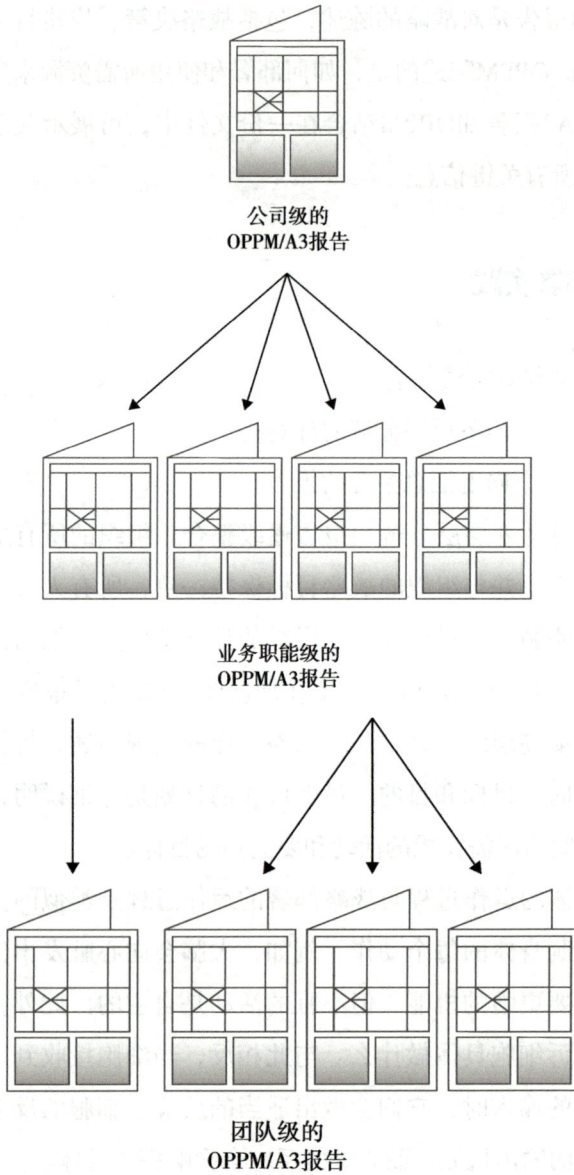

公司级的
OPPM/A3报告

业务职能级的
OPPM/A3报告

团队级的
OPPM/A3报告

图7.1　战略部署层级的图示

战略部署与之相似之处在于，整个战略计划及其执行不是由组织领导者决定的，而是通过组织内相互依赖的小组的自主行动来决定的。在本章中，我们将展现战略部署的三个层级：公司、业务职能和团队。这三个层级类似于大脑、器官和细胞。大脑并不指挥细胞层级的具体行动。同样，公司层级的管理团队也无法详细规划整个组织采取的行动和方案。

每个战略部署层级都相当自主地管理自己的计划、执行、检查和调整活动，每个层级都在特定环境的支持下进行这些活动，而环境则是其父层级所建立的。OPPM/A3报告是促进各层级PDCA循环的最佳工具。

战略部署计划的几个共同特征是：

- 战略部署和各层级计划都建立在PDCA循环的基础上；
- 每个计划都用OPPM/A3报告展现；
- 每份OPPM/A3报告既可作为计划，也可作为完成情况的报告；
- 每个计划都通过适当的任务和活动支持其上层计划的战略和目标；
- 对于中小型公司来说，三个层级的计划通常就足够了，而对于大型公司来说，因为具有许多地理位置分散的分公司或横跨多个行业，可能需要更多层级的战略部署计划。

PDCA通常是一系列永无止境的PDCA循环。一个PDCA循环的完成会产生下一个PDCA循环。通常，这些循环相互嵌套。在第一个循环开始之前，要充分考虑和审视业务条件与业务环境。战略部署从审查业务条件及业务环境开始。托马斯·L. 杰克逊在其"精益企业的方针管理"一文中，于PDCA和战略部署之前的这一阶段，使用了"扫描"一词代替了"审查"。

公司级 OPPM/A3 报告

战略部署由组织的高层领导者发起。他们负责审查（扫描）业务条件和业务环境。高层领导者将号召组织内外的人们协助他们进行审查。当确信自己对组织的状况及其环境有了深入的了解时，他们就开始规划组织未来3~5年的战略。这些将在OPPM/A3报告中呈现出来。

许多组织倾向于识别所能看到的每个战略需求。非常重要的是，组织应将战略需求精简到仅对组织成功最为重要的战略议题。精简后的战略议题应仅包括那些真正的突破性目标。规划过多的战略方向会分散组织的力量，并削弱其获得战略性进展的能力。强烈建议组织在任何战略部署期间设定的真正突破性目标都不要超过5个。

每个突破性目标及其计划通常在单独的OPPM/A3报告中展示。有些组织在一份OPPM/A3报告中呈现多个组织战略，这种做法有时会使OPPM/A3报告显得有些混乱，难以阅读。

然后，执行团队必须制定一套初始方案和战术，以实现每个期望的战略（突破性目标）。在当今瞬息万变的环境中，不可能或者说很难看清未来3~5年所需采取的战略步骤和行动。保持明确的战略方向需要长远的眼光，但我们发现，在执行持续时间超过4个月的计划和项目时，人们会逐渐失去方向和驱动力。因此最佳做法是，除了3~5年的战略目标，还应制订一个详细的短期计划（OPPM/A3报告），其时间长度不超过一年。在这个阶段结束时，庆祝所取得的成功，并制订下一个阶段的计划，既有对未来的展望，也有从前一阶段吸取的经验教训。这就是PDCA循环：计划、执行计划、检查结果、根据结果采取行动，并将经验教训带入下一个PDCA循环。

虽然未来3~5年关键战略的决策主要是高层领导者的工作，但支持为期一年的方案及战术所需的决策是大家共同努力的结果，涉及领导团队以外的管理层和组织内具有特定知识的个人，而这种协同合作是以"传接球"的方式开展的。

传接球

"传接球"是指棒球练习中来回投球、接球的练习。在一个默契的传接球过程中，每个投手都会用不同的角度和速度来考验对方。两名投手会互相交流，并经常就每次投球和接球的情况给出反馈。经过一段时间的练习，两名投手都提高了接球和投球的能力。

战略部署中的"传接球"是指，在制订计划的层级之间来回"投掷"计划。首次投球是从高级管理层到运营管理层，并会询问一些问题：你能执行这个计划吗？计划是否合理？我们应做出哪些改变来改进计划？

然后，运营管理层将计划回传给高级管理层，问题可能包括：你考虑过……吗？该计划所需的资源还未到位。如果……我们可以更有效地实现预期目标。

这种对计划的沟通在层级之间持续进行，直到每个层级都对计划感到满意，并确信这些计划代表了下一阶段可以达到的最佳水平。

高级管理层及与之共同工作的人们，能够在第一层级的OPPM/A3报告中呈现他们的工作成果。第一层级或最高层级的OPPM在一页纸上呈现了以下内容：

- 战略/突破性目标；
- 方案；
- 行动/战术；
- 进度；
- 预算；
- 每个行动/战术的领导者。

A3报告呈现了以下内容：

- 通过审查获得与所选关键战略相关的关键信息；
- 虽被考虑，但未入选突破性目标的战略；
- 战略选择背后的原因和逻辑；
- 战略方案、目标和目的背后的原因与逻辑；
- 突破性目标将实现的战略愿景；
- 预期的商业影响。

A3报告是对分析、假设和实验的陈述，随着战略的推进，它还是对成果验证的陈述，这是实践中的科学方法。读者应注意到，在OPPM和A3报告中，都有PDCA循环。我们将OPPM纳入A3报告，从而能够在一页纸上，以最简洁的方式呈现所有与战略及其计划相关的最重要的信息。

公司级OPPM/A3报告

在本书中，我们将第一层级的战略部署文件称为公司级OPPM/A3报告，以区别于其他战略部署层级。图7.2展示的是公司级OPPM，它被包含在公司级OPPM/A3报告中。

我们以顺时针方式来看OPPM，从页面左侧开始。在页面左下角可列出3~5个战略目标，或称为突破性目标。在这个例子中，我们为了简化案例，只展示了两个战略目标。

将页面顺时针旋转90度使报告顶部向上，读者会发现支持性的为期一年的方案，这些方案所代表的项目预期在下一个战略部署阶段可以完成。请注意，在本例中，组织处于一年中的第二个季度。一些项目已经完成，一些项目正在顺利推进，还有一些项目刚刚开始或尚未开始。

页面右侧1/4的区域展示了进度表、每个项目的负责人，以及作为项目发起人的高级领导者的信息。发起人的职责是：

- 在方案和高级领导团队之间提供直接联系和报告；
- 向方案领导者传达愿景、使命、战略方向及其理解；
- 作为方案与组织其他部门之间的联络人，促进项目与组织之间的协作，并为项目提供资源方面的支持；

ABC公司三年业务战略
三年期战略——一年期方案—第二阶段

战略部署领导者：汤姆·约翰逊

单位：千美元

战略	运营目标	资本	费用	人员	一年期方案	状态	进度计划	职能领导者/优先级	高级领导者
OE	S	7	0	81	减少7%非增值环节			A A A	J.L.
IN	S,D	50	0	11	确定充电器产品线的需求			A B	D.D.
IN	S	0	0	9	完成新充电器产品线的工程设计			A	D.D.
IN	S	3800	0	5	获取新充电器生产线设施的所有权			B A	K.H.
IN	S,E	0	0	5	设计新充电器生产线的工艺流程			A	D.D.
IN	S	0	0	3	完成新充电器设施的构建			A	K.H.
IN	S	0	0	6	开发无电源产品线的业务经营计划和市场推广计划			B A B	S.D.
OE	E	0	62	50	将每位员工每年的培训时间增加5小时			A	A.J.
IN	E	5	8	2	开发系统用于度量和培训效果			A	A.J.
IN	S	0	0	4	制订电池维护服务多业务计划和市场推广计划			B B	M.R.
IN	S	0	17	4	开发电池维护服务年限助工具			B A	M.R.
OE	E,D,R	100	6	69	所有业务职能部门提高工作效率5%			A A A A	J.L.
OE	E,D	100	0	41	将订单有效产出时间缩短12%			A A A A	J.L.

总计：30.5 / 4055 / 97 / 510 / 242

我们的战略部署是正确的
我们的战略努力正在取得成果
我们的企业像一个团队部署工作

目标 — 一年期方案 — 总结和预测
目标日期 / 成本

大多数方案都已步入正轨。由于最近客户定制化需求的增加，导致资源过多消耗。新电器生产线的工程有些延误。速工程应该在几周内恢复正常。如果发现问题，则我们已经及早了外部服务提供帮助。电池维护辅助工具的开发也落后了，但开发期预计将在下周末追上进度。我们的员工将继续提高他们协同工作的能力。通过这一努力，我们期望在这一坚定结束时，将实现所有目标。

图7.2 公司级OPPM

- 做方案的导师。

在OPPM最后一个1/4区域，即页面底部，将显示特定项目的总结和预测信息。在本例中，方案领导者和发起人简要地总结了项目的整体情况，并提供了方案的成本汇总信息（条形图）。

图7.3是一份公司级OPPM/A3报告，其中包含了公司级OPPM。

公司级OPPM/A3报告通常采用审查—计划—执行—检查—行动的格式呈现。请注意，这里加上了审查一词，在开始第一个PDCA循环之前，有必要首先审查环境，并以此为基础来制订计划。后续的PDCA循环以前一个PDCA循环为基础。在第一个循环之前进行审查，是进入PDCA循环的合适方法。图7.4显示了审查的汇总信息。领导者很可能审查了更多的信息，继而决定哪些信息最为重要，以及是否有必要放进OPPM/A3报告中。

在审查步骤完成后，领导者将制订计划。制订计划的步骤将包括与业务职能部门负责人举行的一系列"传接球"式的会议，以确保计划反映了所有参与人员的最佳想法，并取得了广泛共识和认可。图7.5显示了公司级OPPM/A3报告中计划步骤的放大视图。

计划的最后一步是编制OPPM，该报告是整个计划执行过程中的主要指导和跟踪文件。图7.6显示了公司级OPPM，它是公司级OPPM/A3报告的一部分。

审查

年终数据	目标	实际	
质量	99.0%	99.2%	☺
成本	80.0%	76.3%	☺
交付	99.0%	99.1%	☺
安全	< 5	6	☹☹
士气	> 8.5	9.2	☺☺
收入	> 674	697	☺☺

市场占有率
SWOT 分析

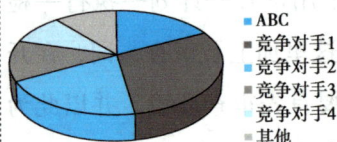

■ ABC
■ 竞争对手1
■ 竞争对手2
■ 竞争对手3
■ 竞争对手4
■ 其他

优势	劣势
• 2003 年良好的 QEDSM 指标 • 除了新测试设备，没有其他债务	• 产品种类没有竞争对手多 • 运营成本在增加
机会	威胁
• 电池充电器 • 不间断电源 • 电源转换器	• 成本在增加 • 疲软的经济前景

2004 年预期法规变化

公司所得税增长	3.7%
U.L. 需求	较小的变化 无明显影响

2004 年预计成本增加

总体通货膨胀率	4.1%
铜	6.9%
燃料	8%

潜在的供应链问题 / 短缺

我们没有看到任何可能出现的问题。所有供应商都给出了积极的预测。

需求

预计需求将增长 3% ~ 4%，全部是由于汽车销量的增长带来的。

计划

目标	2004	2005	2006
质量	99.2%	99.3%	99.4%
成本	75.0%	72.5%	70.0%
交付	99.2%	99.4%	99.6%
安全	<4	<4	<3
士气	>8.5	>8.6	>8.6
收入	>700	720	770

提高市场占有率

随着经济紧缩和悲观的经济预期，我们的口号"降低成本，增加销量"变得越来越重要。

由于预期市场需求不强，我们必须提高市场占有率。我们的对策是增加产品供应。

我们将分阶段进入 3 个新市场：

电池充电器：我们将在 2004 年建成该产品线，并在 2005 年开始销售。

不间断电源：我们将在 2005 年建成该产品线，并在 2006 年开始销售。

电源转换器：我们将在 2006 年建成该产品线，并在 2007 年开始销售。

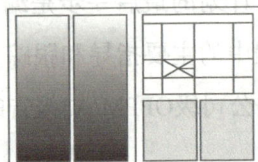

图7.3 公司级OPPM/A3报告

降低成本

税收和材料成本继续增加。我们将吸纳有市场竞争力的劳动力，但必须通过降低成本来抵消支出。

对于应对成本增加的对策，我们应将重点放在精简工艺环节和减少浪费上。为了最大限度地降低成本，我们必须以最少的资本支出来落实这两项措施。所有的资本支出都将受到严格审查。

燃料成本也是一个严重的问题。我们可以将铁磁谐振设计改为固态设计，以此来降低运费。考虑到铁磁谐振的产品受到客户的高度信任，目前新的产品线仍需采用铁磁谐振设计。但为了降低成本，应引入固态设计，而且越快越好，这很重要。销售人员向客户宣传这些设计也非常重要。

改为固态设计将给我们带来成本竞争优势。固态设计有可能将我们的出口运输成本降低40%。

执行

参见阶段1、阶段2和阶段3的OPPM。

阶段2在本A3报告中。

阶段1和阶段3的报告在E盘Strategy/2004/OPPM目录下。

研究

<u>第1阶段审查（2003年12月17日）</u>——所有工作都已步入正轨。

新电池充电器生产线的工程建设、市场营销和采购工作都取得了良好的进展。

虽然在精简工艺环节和减少浪费方面取得了重要进展，但是经济仍持续疲软。我们不仅必须继续努力，还必须更加努力。

<u>2004年7月1日更新</u>——我们在精简工艺环节和减少浪费方面继续努力，并取得良好进展。新电池充电器生产线的市场营销、工程建设工作进展顺利，但有一个例外：电路板的生产落后于计划。

调整

精简工艺环节和减少浪费的工作必须进一步加强。史蒂夫将与每位职能领导者面谈，以确定我们还可以做些什么来推进这两项工作。

<u>2004年7月1日更新</u>——史蒂夫已与职能领导者会面，我们将：

- 通过会议提高认识
- 每两周回顾一次我们的进展
- 必要时共享资源
- 公司领导者和职能领导者每月要直接领导四次改进工作

工程部认为他们可以使电路板设计工作回归正轨。如果他们无法在两周内做到，则将把工作分包给我们的电路板供应商。

图7.3　公司级OPPM/A3报告（续）

ABC公司三年业务战略
三年期战略——一年期方案——第二阶段

战略部署领导者：汤姆·约翰逊　　2004年7月1日　　单位：千美元

战略	运营目标	一年期方案	人员	费用	资本	职能领导者优先级	领导者
OE	S	减少7%非增值环节	81	100	7	A	J.L.
IN	S,D	确定充电器产品的需求	11	10	0	A B	D.D.
IN	S	完成新充电器生产线的工程设计	9	25	0	A	D.D.
IN	S	获取新充电器生产设施的所有权	5	100	3800	B A	K.H.
IN	S,E	设计新充电器生产线的工艺流程	4	10	0	A	D.D.
IN	S	完成新充电器设施的构建	6	100	0	B A	K.H.
OE	S	开发充电器产品线的业务经营计划和市场推广计划	6	15	0	B A B	S.D.
OE	E	将每位员工每年的培训时间增加8小时	4	62	0.5	A	A.J.
OE	E	开发系统用于度量培训效果	2	4	5	A	A.J.
IN	S	制订电池维护服务计划和市场推广计划	3	10	0	B B	M.R.
IN	S	开发电池维护服务辅助工具	3	17	0	A B A	M.R.
OE	E,D,R	所有业务职能部门提高工作效率5%	69	6	6	A A	J.L.
OE	E,D	将订单有效产出时间缩短12%	41	20	17	A A	J.L.
总计:			242	510	4055		

状态 / 进度计划（7/3 … 8/27）

总结和预测
- 我们的成本部署是正确的
- 我们的战略服务力正在取得成果
- 我们的企业就像一个团队那样运作

目标 / 一年期方案 / 总结和预测 / 目标日期 / 成本

战略：提高收益（S），盈余（E），交付（D），安全（R）
持续改进：将人均产出提高20%（IN）
运营卓越：将人均零件装配能力提高—（OE）

大多数方案都已步入正轨。由于最近客户定制化需求增加，导致需要许多调配。新充电器生产线的工程有些延迟，该工程应该在几周内恢复正常。电池维护服务已经安排了外部服务提供商，它们正在协同工作直至这一阶段结束时。我们期望在这一阶段继续努力，通过这些努力，我们将实现所有目标。

图例：
■ 实际　　■ 预测
资本 / 费用 / 其他
0.0　1000.0　2000.0　3000.0　4000.0　5000.0

图7.3　公司级OPPM/A3报告（续）

审查

年终数据	目标	实际	
质量	99.0%	99.2%	☺
成本	80.0%	76.3%	☺
交付	99.0%	99.1%	☺
安全	< 5	6	☹☹☹
士气	> 8.5	9.2	☺☺
收入	> 674	697	☺☺

市场占有率
SWOT 分析

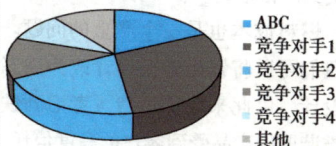

■ ABC
■ 竞争对手1
■ 竞争对手2
■ 竞争对手3
■ 竞争对手4
■ 其他

优势	劣势
• 2003 年良好的 QEDSM 指标 • 除了新测试设备，没有其他债务	• 产品种类没有竞争对手多 • 运营成本在增加
机会	威胁
• 电池充电器 • 不间断电源 • 电源转换器	• 成本在增加 • 疲软的经济前景

2004 年预期法规变化

公司所得税增长	3.7%
U.L. 需求	较小的变化 无明显影响

2004 年预计成本增加

总体通货膨胀率	4.1%
铜	6.9%
燃料	8%

潜在的供应链问题 / 短缺

我们没有看到任何可能出现的问题。所有供应商都给出了积极的预测。

需求

预计需求将增长 3% ~ 4%，全部是由于汽车销量的增长带来的。

计划

目标	2004	2005	2006
质量	99.2%	99.3%	99.4%
成本	75.0%	72.5%	70.0%
交付	99.2%	99.4%	99.6%
安全	<4	<4	<3
士气	>8.5	>8.6	>8.6
收入	>700	720	770

提高市场占有率

随着经济紧缩和悲观的经济预期，我们的口号"降低成本，增加销量"变得越来越重要。

由于预期市场需求不强，我们必须提高市场占有率。我们的对策是增加产品供应。

我们将分阶段进入 3 个新市场：

电池充电器：我们将在 2004 年建成该产品线，并在 2005 年开始销售。

不间断电源：我们将在 2005 年建成该产品线，并在 2006 年开始销售。

电源转换器：我们将在 2006 年建成该产品线，并在 2007 年开始销售。

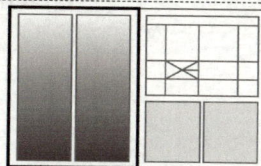

图7.4 审查步骤的放大视图

潜在的供应链问题／短缺

我们没有看到任何可能出现的问题。所有供应商都给出了积极的预测。

需求

预计需求将增长 3% ~ 4%，全部是由于汽车销量的增长带来的。

计划

目标	2004	2005	2006
质量	99.2%	99.3%	99.4%
成本	75.0%	72.5%	70.0%
交付	99.2%	99.4%	99.6%
安全	<4	<4	<3
士气	>8.5	>8.6	>8.6
收入	>700	720	770

提高市场占有率

随着经济紧缩和悲观的经济预期，我们的口号"降低成本，增加销量"变得越来越重要。

由于预期市场需求不强，我们必须提高市场占有率。我们的对策是增加产品供应。

我们将分阶段进入 3 个新市场：

电池充电器： 我们将在 2004 年建成该产品线，并在 2005 年开始销售。

不间断电源： 我们将在 2005 年建成该产品线，并在 2006 年开始销售。

电源转换器： 我们将在 2006 年建成该产品线，并在 2007 年开始销售。

降低成本

税收和材料成本继续增加。我们将吸纳有市场竞争力的劳动力，但必须通过降低成本来抵消支出。

对于应对成本增加的对策将，我们应重点放在精简工艺环节和减少浪费上。为了最大限度地降低成本，我们必须以最少的资本支出来落实这两项措施。所有的资本支出都将受到严格审查。

燃料成本也是一个严重的问题。我们可以将铁磁谐振设计改为固态设计，以此来降低运费。考虑到铁磁谐振的产品受到客户的高度信任，目前新的产品线仍需采用铁磁谐振设计。但为了降低成本，应引入固态设计，而且越快越好，这很重要。销售人员向客户宣传这些设计也非常重要。

改为固态设计将给我们带来成本竞争优势。固态设计有可能将我们的出口运输成本降低 40%。

图7.5 计划步骤的放大视图

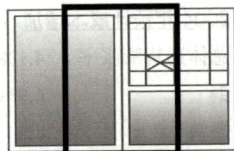

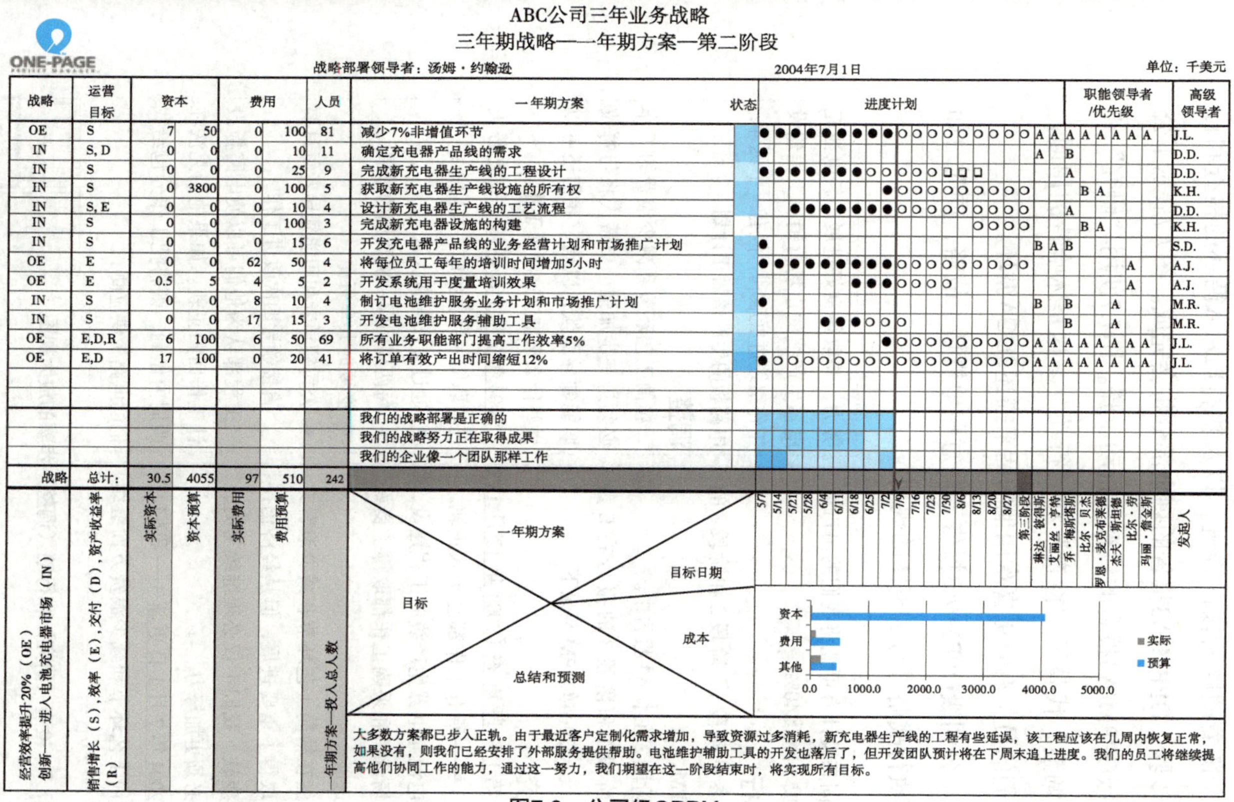
ABC公司三年业务战略
三年期战略——一年期方案—第二阶段
战略部署领导者：汤姆·约翰逊
2004年7月1日
单位：千美元
战略
运营目标
资本
费用
人员
一年期方案
状态
进度计划
职能领导者/优先级
高级领导者
减少7%非增值环节
确定充电器产品线的需求
完成新充电器生产线的工程设计
获取新充电器生产线设施的所有权
设计新充电器生产线的工艺流程
完成新充电器设施的构建
开发充电器产品线的业务经营计划和市场推广计划
将每位员工每年的培训时间增加5小时
开发系统用于度量培训效果
制订电池维护服务业务计划和市场推广计划
开发电池维护服务辅助工具
所有业务职能部门提高工作效率5%
将订单有效产出时间缩短12%
我们的战略部署是正确的
我们的战略努力正在取得成果
我们的企业像一个团队那样工作
战略　总计：　30.5　4055　97　510　242
经营效率提升20%（OE）
创新——进入电池充电器市场（IN）
销售增长（S），效率（E），交付（D），资产收益率（R）
实际资本
资本预算
实际费用
费用预算
一年期方案一投入总人数
一年期方案
目标日期
目标
成本
总结和预测
第三阶段
发起人
资本
费用
其他
实际
预算
大多数方案都已步入正轨。由于最近客户定制化需求增加，导致资源过多消耗，新充电器生产线的工程有些延误，该工程应该在几周内恢复正常，如果没有，则我们已经安排了外部服务提供帮助。电池维护辅助工具的开发也落后了，但开发团队预计将在下周末追上进度。我们的员工将继续提高他们协同工作的能力，通过这一努力，我们期望在这一阶段结束时，将实现所有目标。

图7.6　公司级OPPM

随着战略阶段的推进，以及执行PDCA循环的检查和行动步骤，OPPM/A3报告的剩余部分将会完成。图7.7展示了公司级OPPM/A3报告的检查和行动步骤。图7.7使用"研究"和"调整"代替了"检查"和"行动"。这是休哈特的用词，我们的员工有时更喜欢用他的话来描述PDCA循环。

公司级OPPM/A3报告言简意赅地概括了战略，同时对如何执行战略进行了整体的规划。

固态设计有可能将我们的出口运输成本降低40%。

执行

参见阶段1、阶段2和阶段3的OPPM。

阶段2在本A3报告中。

阶段1和阶段3的报告在E盘Strategy/2004/OPPM目录下。

研究

第1阶段审查（2003年12月17日）——所有工作都已步入正轨。新电池充电器生产线的工程建设、市场营销和采购工作都取得了良好的进展。

虽然在精简工艺环节和减少浪费方面取得了重要进展，但是经济仍持续疲软。我们不仅必须继续努力，还必须更加努力。

2004年7月1日更新——我们在精简工艺环节和减少浪费方面继续努力，并取得良好进展。新电池充电器生产线的市场营销、工程建设工作继续进展顺利，但有一个例外：电路板的生产落后于计划。

调整

精简工艺环节和减少浪费的工作必须进一步加强。史蒂夫将与每位职能领导面谈，以确定我们还可以做些什么来推进这两项工作。

2004年7月1日更新——史蒂夫已与职能领导者会面，我们将：

- 通过会议提高认识
- 每两周回顾一次我们的进展
- 必要时共享资源
- 公司领导者和职能领导者每月要直接领导四次改进工作

工程部认为他们可以使电路板设计工作回归正轨。如果他们无法在两周内做到，则将把工作分包给我们的电路板供应商。

图7.7 检查（研究）和行动（调整）步骤的放大视图

业务职能级OPPM/A3报告

战略部署的下一个层级，即第二级的战略部署，对如何执行战略进行了整体规划，并针对每个业务职能制订了详细计划。例如，如果公司级OPPM/A3报告提出改进经营绩效的战略，那么工程部门、财务部门、市场营销部门和维修部门就要规划应如何推进该战略。

在本书中，我们将第二级战略部署称为业务职能级OPPM/A3报告，以和公司级OPPM/A3报告区分。尽管只有一份公司级OPPM/A3报告，但为了清晰描述和方便跟踪，在给定的业务职能中，需要开发多份OPPM/A3报告。业务职能部门通常需要针对部门内的每个主要项目或方案，开发业务职能级OPPM/A3报告。

"传接球"实践开始于第一层级（战略层级）的高层领导者和业务职能领导者之间。在第一次投球（计划）中，高层领导者需要确保他们清晰地传达了战略目标及其背后的理由。他们必须在业务职能领导者的头脑中构建并确立清晰的愿景。

业务职能领导者与其员工一起审查计划。重要的是，当他们这样做时，他们必须认真地思考该计划，特别是业务职能部门所应承担的职责。然后，继续进行"传接球"，业务职能领导者与高层领导者会面，讨论他们预见到的任何问题或可能影响计划的任何洞察，以及对业务职能部门的计划和资源进行审查，这些计划和资源是组织承诺用于支撑公司级OPPM/A3报告的。

"传接球"将一直持续到各方达成一致意见。在这一轮"传接球"回合中，重要的是在各领导小组之间达成一致意见，第二级战略部署需要完全支持公司级战略，并且只有在所需的必要资源都可用及承诺投入的情况下，第二级OPPM/A3报告才是可执行的。

业务职能级OPPM/A3报告中的OPPM的格式不同于公司级OPPM/A3报告中的OPPM，因为组织战略已从概括的公司级方案转变为更具体、更具可操作性的项目和任务。图7.8是一份业务职能部门的概要OPPM，展示了工程部门的职责，该职责在公司级OPPM/A3报告中也有相关展示（见图7.3）。

表格左侧重申了公司级OPPM/A3报告的关键战略，表格上半部更详细地说明了工程部门的行动和方案。在业务职能级OPPM/A3报告中，这些行动和方案针对每个战略部署阶段有了更详细的计划。在这个例子中，计划周期为4个月，工程部门处于一年中的第2个周期。同样，3~4个月的计划是我们注意力的极限。在这个周期结束时，我们将制订下一个3~4个月的计划。请注意，在这份报告中，时间周期缩短了，并增加了更多具体细节，便于负责各战略层级OPPM/A3报告的部门了解具体情况。

表格靠右的部分用于展示进度，并记录进展情况和职责。

表格的下面部分展示了总体成本以及总体状况和对未来进展的预测。这个状态总结主要是定性的、主观的。这是领导者对该部门战略工作推进情况的最佳评估。

对于每个方案、项目或问题解决工作，OPPM都可被包含在相应的A3报告中。图7.9给出了一份工程部门的业务职能级OPPM/A3报告的示例。

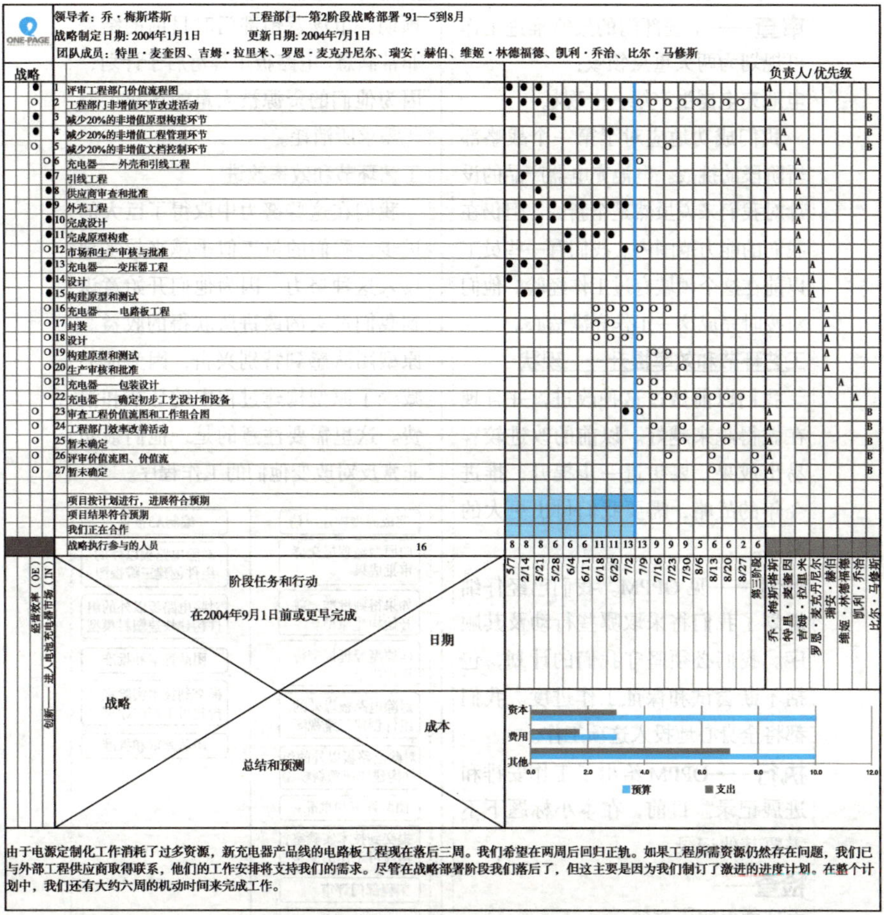

图7.8　工程部门的OPPM（业务职能级的示例）

在业务职能级，可以应用多种格式的A3报告。在本例中，我们使用了"审查—计划—执行—检查—行动"作为小标题。然而，该部门可能在业务职能层级有具体的问题需要解决，在这种情况下，其A3报告的小标题可能是"观察—思考—实验—验证—保持"。

审查——工程部门的战略推进工作可规划为两大重点领域：

电池充电器生产线——现状

我们成功地应对了第一个战略部署阶段的挑战。电池充电器产品的设计对我们来说虽然是全新的，但仍在我们的能力范围内。我们有一些员工以前在这个领域有过工作经验，他们对按时完成这一工作充满信心。

工艺环节和效率提升——现状

我们以前做过这种改进，并且现在做得越来越好。以前的改进较容易出成果，要想进一步提升，推进今年的战略，需要我们付出更大的努力。

计划——见 OPPM。我们已经仔细规划了我们将采取哪些行动及其顺序。我们必须坚守我们的计划，包括不断尝试和保证工作进度。我们都将全身心地投入这项工作。

执行——OPPM 给出了工作安排和进展记录。目前，在本小标题下不需要其他记录。

检查——

电池充电器生产线

2004 年 7 月 1 日——新电池充电器生产线的所有工程构建工作均按计划进行，只有一个例外。我们取得了良好的进展，所有目标都将如期实现。我们的设计在模拟实验中展现出的性能，已经超出了我们的预期。市场营销部门对目前的结果非常满意。电路板工程落后于计划，因为他们的资源被大量的客户定制化需求所消耗。

工艺环节和效率改进

我们在这些努力中取得了巨大的进步，我们的员工似乎越来越多地投入这种努力，因为他们开始意识到我们过去的改进所获得的收益。原型团队感到特别兴奋，因为他们减少了原型构建过程中的环节和浪费。这里需要注意的是，他们最初非常反对改变他们的工作程序。

改进前	改进后
完成原型构建申请	编制A3报告
向原型经理提交待审批成果	对除电路板以外的组件创建三维视图
如果得到批准，就开始构建原型	对除电路板以外的组件构建快速塑料模型
向原型经理提交待审批成果	团队评审和批准
对除电路板以外的组件创建三维视图	提交到技术实验室，构建可工作的原型
对除电路板以外的组件构建快速塑料模型	团队评审和批准
团队评审和批准	
提交到技术实验室，构建可工作的原型	
工程部门评审	
制造部门评审	
市场营销部门评审	

我们可以通过思想上的两大转变来实现这一目标。首先，我们创建了一个专门的原型编制 A3 报告。我们的员工认为，通过坚持使用 A3 报告，

图7.9　工程部门的OPPM/A3报告（业务职能级的示例）

我们可以减少大多数签字审批环节，除非原型构建成本超出预算，我们才有必要与经理会面以获得批准。我们思想的第二个转变是关于原型团队的。过去，团队只包含工程部门的人员，现在我们的团队包括来自市场营销、采购和会计部门的人员。我们在团队讨论中看到了显著的、非常有益的变化，只需要一次会议，就能完成需要相关部门参与的审批工作。

单位：千美元

领导者：乔·梅斯塔斯	工程部门—第2阶段战略部署 '91—5到8月
战略制定日期：2004年1月1日	更新日期：2004年7月1日
团队成员：特里·麦奎召、吉姆·拉里米、罗恩·麦克丹尼尔、瑞安·赫伯·维斯·林德福德、凯利·乔治、比尔·马修斯	

由于电源定制化工作消耗了过多资源，新充电器产品线的电路板工程现在落后三周。我们希望在两周后回归正轨。如果工程所需资源仍然存在问题，我们已与外部工程供应商取得承诺，他们的工作安排将支持我们的需求。尽管在战略部署阶段我们落后了，但这主要是因为我们制订了激进的进度计划。在整个计划中，我们还有大约六周的机动时间来完成工作。

行动

电池充电器产品线——我们给自己三周时间追上计划。如果我们不能按时完成，或发现追不上计划了，那么我们将把这项工作外包给电路板供应商的工程部门。我们承诺每周更新进展情况，直到解决这个问题。

图7.9　工程部门的OPPM/A3报告（业务职能级的示例）（续）

团队级OPPM/A3报告

在本书中，第三级战略部署是团队级OPPM/A3报告或前线级OPPM/A3报告。

一旦高层领导者及业务职能部门领导者和员工对业务职能级OPPM/A3报告达成共识，就可以委派团队完成相关的任务。每个团队都要开发第三级或团队级OPPM/A3报告。表格左侧部分再次重述了公司级OPPM/A3报告同一位置展示的战略目标。通过重述公司的战略目标，团队能够清楚地理解其在公司战略中承担的角色。表格中间部分详细说明了团队的任务。参见图7.10中的电路板团队OPPM示例。

表格右侧部分展示了负责每项任务的人员，以及进度安排、可度量指标和目标。表格底部用于总结团队的进展和方向，以及需要解决的问题。该团队级OPPM是通过反复的"传接球"来开发的，包括团队成员与其团队领导者之间，以及团队领导者与业务职能部门领导者之间的"传接球"。

每个团队将制作自己的OPPM/A3报告，其中包括OPPM，如图7.11所示。把OPPM和A3报告结合起来，能够为团队明确规划职责和进度，还可作为向业务职能领导者汇报所用的报告。

在前面的示例中，检查和行动部分还不完整，因为该项目尚未完成，这些信息将随着项目的进展而逐步得到补充。

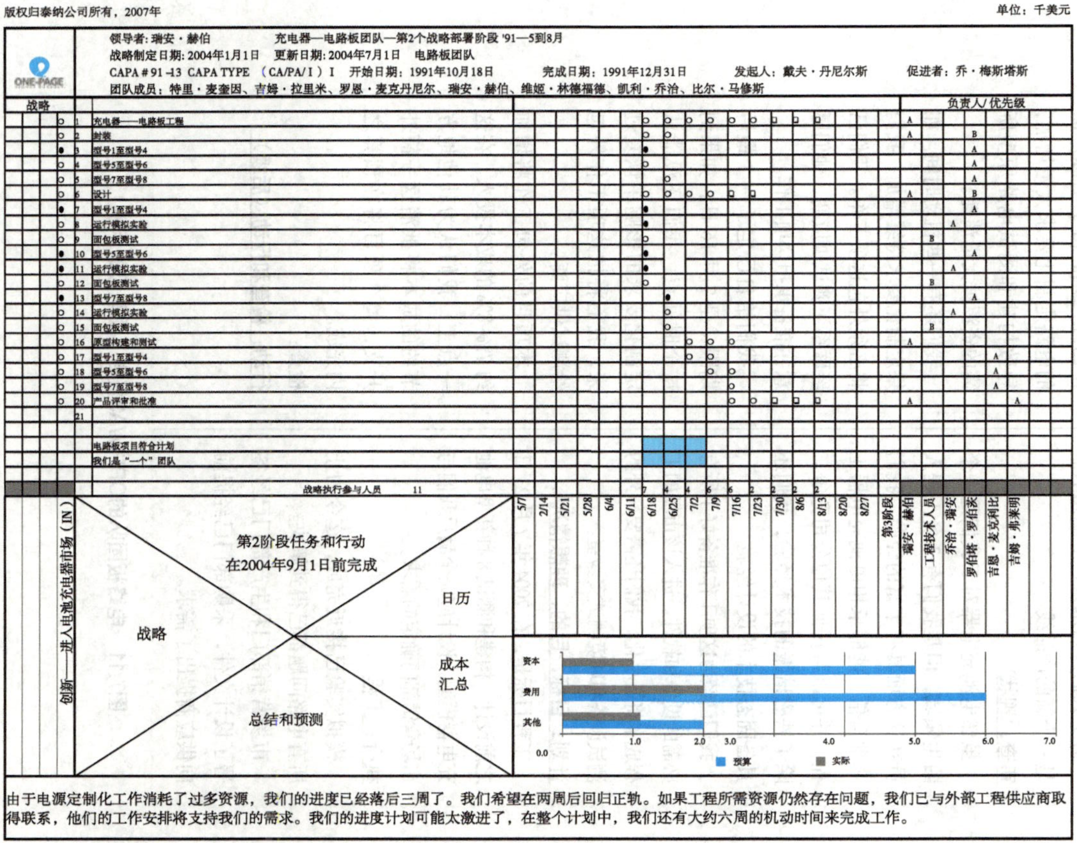

单位：千美元

图7.10　电路板团队入OPPM（团队级的示例）

由于电源定制化工作消耗了过多资源，我们的进度已经落后三周了。我们希望在两周后回归正轨。如果工程所需资源仍然存在问题，我们已与外部工程供应商取得联系，他们的工作已安排将支持我们的需求。我们的进度计划可能太激进了，在整个计划中，我们还有大约六周的机动时间来完成工作。

审查：背景和历史

对于我们公司来说，电池充电器是一个新的产品线。

审查：现状

虽然电池充电器对于我们是一个陌生领域，但是我们有 3 名工程人员在这方面具有丰富的经验。我们非常自信，能够承担电池充电器工程，并可以与任何其他公司竞争。除了铁磁谐振的技术经验，我们还具备固态技术的设计经验。

我们已经为这项工作准备好了所有必需的设备和软件。进入该市场的工程成本将最小化。我们还需要额外的测试设备和环境测试实验室。

计划：目标、目的、理想情况

工程目标是，在 2004 年 7 月 23 日之前设计、构建和测试 8 种新型电池充电器模型。设计应完全满足我们与市场营销部门确定的需求。

执行：工程

模拟实验已接近完成，迄今为止所有电路问题都已得到解决。

市场营销部门和生产部门已经签署了设计文件，采购部门已经提前向供应商提出了需求。

构建和测试电路原型的工作已经延期。由于电源产品的电路定制化要求大量增加，导致构建和测试电路原型所需的资源被大量消耗。

我们还有一些机动时间。如果定制化要求持续增加，我们将必须外包这项工作。我们已经联系了测试供应商，他们愿意并准备承担这项工作。

我们给自己定了一个最后期限，是 7 月 16 日，如果到这个时间点，我们还没能从定制化要求的影响中恢复过来，我们将把这项工作外包给测试供应商。

本项目的外包工作将增加约 7%~8% 的成本投入。在这一点上，我们认为其他地方节约的成本将抵消这一额外开支，整个项目将在预算之内完成。

检查：

行动：检查和行动（后续）

图7.11 电路板团队的OPPM/A3报告（团队级的示例）

单位：千美元

领导者：瑞安·赫伯　　充电器—电路板团队—第2个战略部署阶段 '91—5到8月
战略制定日期：2004年1月1日　更新日期：2004年7月1日　电路板团队
CAPA #91-L3 CAPA TYPE（CA/PA/1）1　开始日期：1991年10月18日　　完成日期：1991年12月31日　　发起人：戴夫·丹尼尔斯　　促进者：乔·梅斯塔斯
团队成员：特里·麦准科、吉姆·拉里米、罗恩·麦克丹尼尔、瑞安·赫伯、维斯·林德瑞都、凯利·乔治、比尔·马修斯

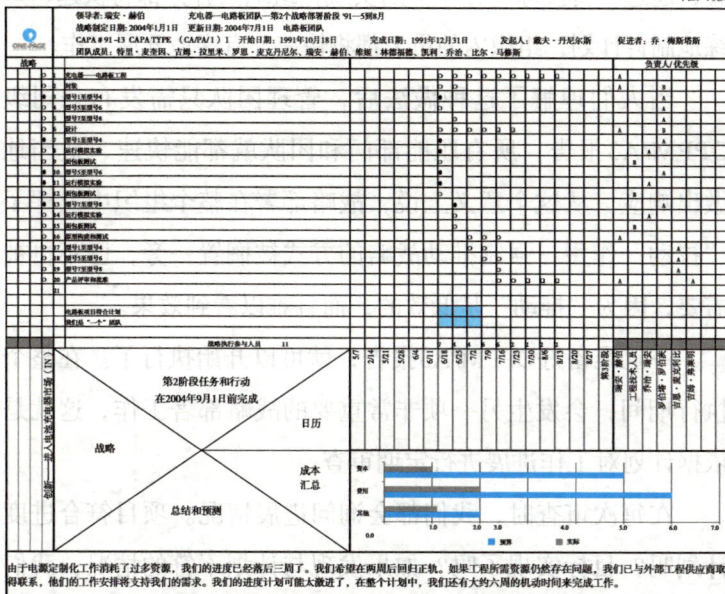

图7.11　电路板团队的OPPM/A3报告（团队级的示例）（续）

在整个"传接球"实践中，OPPM/A3报告是一种完美的计划格式，用非常简洁和高效的方式沟通战略、战术、目的和目标。组织的各个层级可以通过这种实践，加深对战略及其目标的理解和认同。

实际上，组织中的每个人都可以参与战略部署过程。如果做得好，整个组织的创造力就会得到充分释放，且更容易聚焦，所有员工的努力都会协调一致，以满足客户和业务最关键的需求。

有些人可能认为这是一项巨大的工作。事实上，这比试图在组织范围内推动组织战略要省力、高效得多。假以时

日，通过"传接球"方式多加实践，组织内各方都将快速、熟练地制订计划，组织内的员工都将快速、有序地开展工作。

当人们理解了这种做法后，管理团队只需发布公司级OPPM/A3报告，所有职能部门和团队就都能快速、适当地做出响应，从这个意义上说，战略部署在整个组织中发挥了"拉动"作用。强制推动战略的方式被搁置一旁，已不再被需要，因为"推动"是低效的，而且难以看到效果。

一旦准备好OPPM/A3报告，就可以开始执行了。在整个执行期间，会发生另一项非常重要的战略部署工作，这就是依据计划对工作进展进行定期审查。

在每次审查时，我们都会询问进展情况。项目符合进度计划吗？目标实现了吗？如果发现与计划不符的情况，我们将提出更多问题。哪里出了问题？如何改进计划？我们学到了什么？需要哪些额外资源？我们如何才能帮助团队完成该计划？

这些问题的答案将在OPPM/A3报告中展现。同样，OPPM/A3报告在指导审查、跟踪计划执行状态及沟通工作进展方面发挥着非常重要的作用。在每次审查后，都需要更新OPPM/A3报告。

在审查时，更新的OPPM/A3报告将被传递给上级计划或上级计划组。在每个级别，更新的OPPM/A3报告都会被整合到上级OPPM/A3报告中。通过这种方式，组织内的所有人都可以了解战略执行的最新情况。计划的例外情况也将从子层级传递到父层级，两个层级的领导者都有责任找到例外情况的解决方案，并根据需要调整计划和资源，以实现战略目标。

所有相关人员都以一种必胜的信念开展工作，以期实现战略目标。这种态度源于管理方式的改变，即从推动式管理转变为仆人式领导。当所有相关人员都看到这种管理方式的改变时，每个人的态度也将开始转变，员工们会乐于合作、互相帮助和提供支持。在每次审查以及完成每个计划阶段后，每个人都将尽一切努力从经验中学习尽可能多的东西，以期在未来制订出更好的计划。

在本书中，我们使用了"公司""业务职能""团队"三个词来描述战略部署的三个层级。托马斯·L. 杰克逊在他的文章"精益企业的方针管理"中这样描述了这三个层级，即方针团队、经营团队和行动团队。在其《实现精益管理系统》一书中，托马斯使用了焦点团队、部署团队和行动团队来表示这三个层级。这些用语有助于我们更好地理解每个战略部署层级的意义和作用。

总体战略部署过程遵循以下步骤：计划—执行—检查—行动。首先，我们制订战略计划，然后，我们执行战略。在战略执行期间和执行完成时，我们将检查取得的结果。接下来，我们进行调整，采取行动，然后，我们再次制订战略计划。这将开始下一个PDCA循环，每个循环都将为下一个循环搭建好舞台。即使在战略部署PDCA循环中，我们也会看到与战术、项目和其他工作相关的子PDCA循环。如果PDCA循环不是很明显，则说明没有正确使用战略部署，那么组织的战略举措很可能因人们失去动力而以失败告终。

OPPM/A3 报告不只是另一种简单的报告格式

OPPM/A3报告是有"生命力"的文档，它们能得到不断地发展和增强。这些文档可以帮助我们管理、报告、学习、进行真正的改进和执行战略。

《丰田之路2001》曾对这点做过一个简短的陈述。详情请参见附录。

一、持续改进：我们从不满足于现状，始终通过提出最佳想法和努力来持续改进我们的经营。

OPPM/A3报告可指导改进过程，并为未来的改进奠定基础。它是一种工具，能帮助每个参与者看清问题，更好地解决问题，并进行真正的改进。

1.1 挑战：我们制定了长远的愿景，并以勇气和创造力迎接挑战。我们终将实现我们的梦想。

OPPM/A3报告可以帮助领导层陈述组织愿景，明确界定眼前遇到的问题和战略目标，并培养团队的创造力。

1.2 改进：我们不断改进业务经营，不断驱动创新和发展。

OPPM/A3报告为持续改进工作提供了标准汇报格式，并且报告格式本身能够促进创新，带来真正的改进。

1.3 "现地现物"（实地考察）：我们深入源头探寻事实，从而做出正确决策，建立共识，并实现目标。

OPPM/A3报告的简洁性帮助使用者只关注与问题或改进工作相关的内容。由于仅有一页纸，使用者在去问题现场时可随身携带，能清楚地了解情况的细节和事实。它同样是一个出色的沟通工具，可以引起人们的注意——不需要冗长的废话，却可以反映问题或改进工作的本质。

二、尊重他人：丰田尊重社会、社会成员和干系人。

如前所述，我们对一个人最高形式的尊重，是为其提供成长和学习的机会。OPPM/A3报告的使用，可教会人们如何解决问题，如何制订计划，以及如何有效推进变革。这是一个人一生中最需要的技能，这些技能可以为个人带来更多的机遇，并能在很大程度上提升个人在生活中的地位。

2.1 尊重：我们尊重他人，尽一切努力相互理解，承担责任，尽最大努力建立互信。

2.2 团队合作：我们鼓励个人获得职业发展，分享发展机会，最大限度地提高个人和团队绩效。

OPPM/A3报告通常是团队工作的报告。所有团队成员都应学会相互合作，倾听他人的观点和想法，参与创新过程，并为团队努力的结果负责。

每份OPPM/A3报告中都包括科学方法和戴明的PDCA改进循环的要素。这些要素不仅确保我们做出真正的改进，而且有助于持续改进。

OPPM/A3报告可以给我们带来重要收益，包括以下方面：

- OPPM/A3报告帮助我们编制简洁的报告；
- OPPM/A3报告促进我们不断思考，尤其是在解决问题时；
- OPPM/A3报告鼓励人们进行根本原因分析；
- OPPM/A3报告促进人们参与问题解决和持续改进；

- **OPPM/A3报告能够极大地减少问题再次发生的可能性；**
- **OPPM/A3报告鼓励合作和尊重事实；**
- **OPPM/A3报告帮助我们专注于数据和关键信息；**
- **OPPM/A3报告帮助我们学习如何成为好的问题解决者。**

第8章　OPPM/A3报告在解决问题中的应用

　　PDCA的核心是用简单的语言表达科学方法，并且它是迭代循环的。科学方法可以教我们如何解决问题，PDCA的迭代循环是持续改进的核心要素，因此PDCA循环是一种持续改进的方法论。

　　我们认识到PDCA中的支柱——"尊重他人"体现在以下两个方面。首先，如前所述，人们需要解决各种问题。人们与生俱来的创造力是一项关键资产，需要加以利用，以确保我们能在当今这个加速变革的世界中生存。PDCA非常强大，因为它很简洁，并且能为我们找到解决问题的最佳途径。PDCA的核心是解放人们的思想，使人们能最大限度地发挥创造力。

　　其次，这一科学方法是关于实验的。一方面，我们知道实验可能失败。事实上，当我们进行实验时，我们就会意识到在成功之前可能要失败多次。另一方面，人们往往非常害怕失败。然而，当反思自己的生活时，我们经常发现，大部分东西都是通过失败学到的。所以我们对失败的恐惧严重地阻碍了我们的学习力和创造力。读者可能对此感兴趣并注意到，小孩子没有这种恐惧感，他们比大多数成年人更有创造力。我们的成长方式、教育体系、社会和职业生涯都向我们灌输了对失败的恐惧。在当今加速变革的世界中，我们的成功在很大程度上取决于我们的学习力，而这主要通过失败来获得。解药就是实验。当进行实验时，我们间接地接受了我们可能失败的事实，从而释放了我们的创造力和学习力。

PDCA解决问题的科学方法，以及将个人创造力和失败作为主要学习模式的内在的PDCA原则，为"持续改进"和"尊重他人"这两大支柱提供了强有力的支撑。

科学方法与 OPPM/A3 报告

科学方法是解决问题的框架。它主要包括以下内容。

观察：观察问题；测量并收集足够的数据，以便能够理解和定义问题。

假设：研究数据，进行头脑风暴，并确定数据可能的解释。例如，过长的应收账款交付周期（根据我们的观察数据）是由于应收账款中使用的软件过于复杂。

预测：如果我们改进软件界面和应收账款软件的功能，我们将把当前25天的交付周期缩短到5天以内。

实验：设计一个实验来验证假设和预测。例如，重写软件并收集结果数据。当然，重写软件是一项昂贵的实验，特别是如果期望的结果没有实现的话。然而，我们可以重写软件的一部分并收集数据，看看我们是否在正确的轨道上。我们还可以在纸上开发一系列界面原型，让用户使用界面原型处理应付账款，以此来测试，如重写软件可以节省多少时间。我们经常可以在不做实际改变的情况下试验和测试我们的想法，然后，如果结果是理想的，我们再通过做出真正的改变或部分改变来确认结果。

关于观察、假设、预测和实验的实用陈述是：

A. 定义问题。

B. 收集数据。

C. 提出假设。

D. 通过实验验证假设，并从实验中收集数据。请注意，实验必须是可重复的，并且实验的所有迭代必须以与第一个实验完全相同的方式进行，否则实验结果的数据将毫无意义。

E. 研究数据。

F. 得出结论，如有必要，提出新的假设。

G. 发布结果，如果数据支持改进，则实施改进。发布是一种学习的工具。

A3报告的关键因素根据实践者和目的而有所不同，但人们仍然可以在一份优秀的A3报告中看到科学方法的精髓。

OPPM/A3 报告与六西格玛

本节简要介绍了在六西格玛项目中如何使用OPPM/A3报告。在解决问题的领域中，六西格玛是一个优秀的、非常必要的工具。没有必要将六西格玛应用于每个问题，因为还有许多其他优秀的工具可用，然而，当一个过程或系统频繁变化时，六西格玛可能是最好的工具和方法。

将OPPM/A3报告应用于六西格玛项目是非常自然的。OPPM/A3报告旨在促进问题解决，而六西格玛也是关于问题解决的。六西格玛方法通常由DMAIC（定义—测量—分析—改进—控制）来定义。OPPM/A3报告的基本格式为：

- 背景、历史或主题；
- 现状；
- 目标、目的或指标；
- 分析；
- 对策或建议的行动；
- 实施计划；
- 检查和行动。

OPPM/A3报告和六西格玛之间的相似性是非常明显的。在我们公司，使用简化步骤STEPS（观察—思考—实验—验证—保持），与DMAIC的相似之处同样显而易见。有些人可能存疑，术语DMAIC的具体含义与STEPS不同，这在某种程度上是存在的。如果读者对此感到困扰，只需使用DMAIC的术语作为A3报告的主要部分。这样使用时，A3报告将能够：

- 促进六西格玛项目；
- 有助于保持项目的正常进行；
- 全方位地沟通项目及其进展；
- 推动项目完成并取得成功。

图8.1和图8.2展示了六西格玛项目如何应用OPPM/A3报告。

描述与主要目标

通过将胶炉时间缩短 50%，优化胶合过程。

观察——背景

所谓胶合，是指用胶类物质覆盖徽章的背景或徽章未抛光的表面。这是为了保护未抛光的表面，以防它在抛光过程中受到撞击或摩擦。在抛光前要将胶放入炉中固化，但在最后抛光完成以后，要将这层胶冲洗干净。这是一个无增值的过程。

观察——现状

将胶炉的温度设置在 200 摄氏度，持续时间 8 分钟，可以获得最佳的固化胶。

思考——目标

至少减少 4 分钟（50%）的胶炉时间。

思考——对策

找到能够减少胶炉时间的最佳时间或温度组合。使用六西格玛作为改进工具。

实验——进展

我们要确定响应指标（如何衡量胶是否固化了）。胶是一种混合物，其中包含水分，因而湿度损失的百分比可以被看作一个较好的响应指标。我们做了一个硬度试验，证实了当湿度损失的百分比增加时，橡胶的硬度或强度也会提高（两者间有正相关关系）。

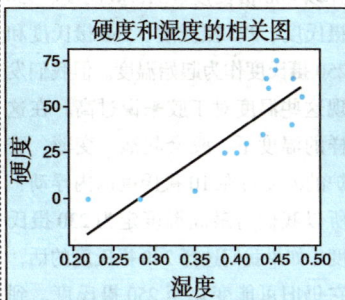

硬度和湿度的相关图

湿度损失的百分比通过以下方式计算：

1. 称量徽章的干重。
2. 涂胶后再次称量徽章的重量。
3. 得出两个重量间的差值（胶重量 1）。
4. 在胶炉中烘烤之后，再次称量徽章的重量。
5. 减去徽章的干重（胶重量 2）。
6. 用胶重量 2 除以胶重量 1（%）。

例如：

徽章重量		胶重量 1
涂胶后	干重	（差值）
0.340	0.300	0.040

徽章重量		胶重量 2
烘烤后	干重	（差值）
0.325	0.300	0.025

胶重量 2 除以胶重量 1	
湿度损失百分比 =	62.5%

硬度可以通过使用硬度计测定。

图8.1　OPPM/A3报告的左侧，使用六西格玛方法解决问题

我们想要挑选出胶炉温度的范围，并以 400 摄氏度、375 摄氏度、350 摄氏度、275 摄氏度、260 摄氏度和 250 摄氏度作为起始温度。但我们发现这些温度对于胶来说过高。在这样的温度下，胶会起泡，变薄。胶炉的温度可在 10 摄氏度以内浮动，所以我们将最高温度定为 230 摄氏度（如果我们选择 240 摄氏度的话，它仍旧可能变化至 250 摄氏度，到了极限）。我们将 130 摄氏度作为最低温度值，这样我们就有了一个相对比较宽的温度区间。

我们的筛选试验表明整个烘烤过程中的变化并不大。我们测试了所有可能影响胶合过程的因素，确认、温度、时间、胶和徽章是所有有效因素。

因素	类型	级别	数值
温度	固定	2	130，230（摄氏度）
时间	固定	2	2，8（分钟）
胶	固定	2	新，旧
徽章	固定	2	深，浅

徽章因素不是我们所能控制的。因此我们决定基于适用所有情况的时间和温度因素对流程进行优化。

因素	类型	级别	数值
时间	固定	3	3，4，5（分钟）
温度	固定	3	200，220，240（摄氏度）
徽章 2	固定	3	1，2，3（不同深度）

实验——审查

我们发现以 235 摄氏度的温度烘烤 4 分钟是最佳方案。

最佳运行：240 摄氏度烘烤 3~4 分钟

最差运行：200 摄氏度烘烤 3 分钟

最佳预测：235 摄氏度烘烤 4 分钟

最差预测：200 摄氏度烘烤 3 分钟

中间值：220 摄氏度烘烤 3.5 分钟

六西格玛测试至此就完成了。

验证——成功的方法

胶炉温度调整为 235 摄氏度，固化时间 4 分钟。在做出调整后，"天使"和"魔术"小组出现了一些起泡的问题。进一步的试验结果表明抽屉的温度从顶端到底端都是不一样的。有时会达到 30~40 摄氏度的差异。其原因是胶炉的构造有所不同。而且胶炉的设计原理也不适宜采用一致的温度。

图8.1　OPPM/A3报告的左侧，使用六西格玛方法解决问题（续）

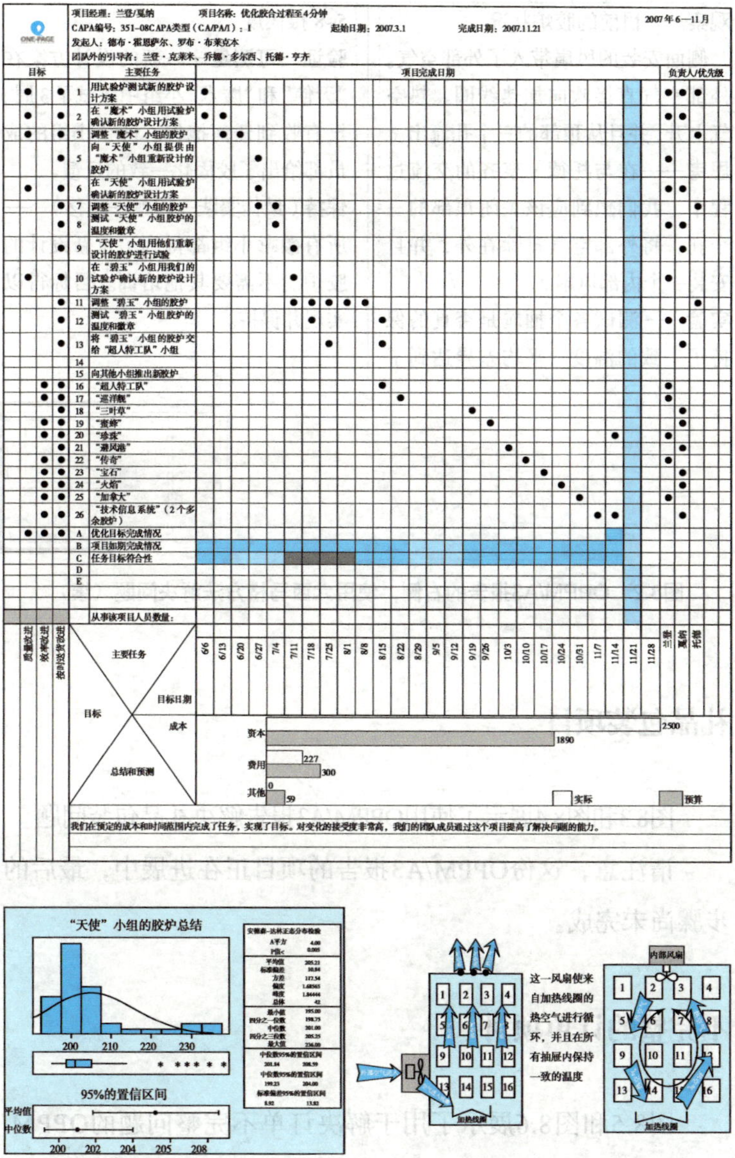

项目经理：兰登/戛纳
项目名称：优化胶合过程至4分钟
2007年6—11月
CAPA编号：351-08CAPA类型（CA/PA/I）：I
起始日期：2007.3.1
完成日期：2007.11.21
发起人：德布·霍恩萨尔、罗布·布莱克本
团队外的引导者：兰登·克莱米、乔娜·多尔西、托德·亨齐
目标
主要任务
项目完成日期
负责人/优先级
1 用试验炉测试新的胶炉设计方案
2 在“魔术”小组用试验炉确认新的胶炉设计方案
3 调整“魔术”小组的胶炉
5 向“天使”小组提供由“魔术”小组重新设计的胶炉
6 在“天使”小组用试验炉确认新的胶炉设计方案
7 调整“天使”小组的胶炉
8 测试“天使”小组胶炉的温度和徽章
9 “天使”小组用他们重新设计的胶炉进行试验
10 在“碧玉”小组用我们的试验炉确认新的胶炉设计方案
11 调整“碧玉”小组的胶炉
12 测试“碧玉”小组胶炉的温度和徽章
13 将“碧玉”小组的胶炉交给“超人特工队”小组
14
15 向其他小组推出新胶炉
16 “超人特工队”
17 “巡洋舰”
18 “三叶草”
19 “蜜蜂”
20 “珍珠”
21 “避风港”
22 “传奇”
23 “宝石”
24 “火焰”
25 “加拿大”
26 “技术信息系统”（2个多余胶炉）
A 优化目标完成情况
B 项目如期完成情况
C 任务目标符合性
D
E
从事该项目人员数量：
质量改进
效率改进
按时送货改进
主要任务
目标日期
目标
成本
总结和预测
6/6
6/13
6/20
6/27
7/4
7/11
7/18
7/25
8/1
8/8
8/15
8/22
8/29
9/5
9/12
9/19
9/26
10/3
10/10
10/17
10/24
10/31
11/7
11/14
11/21
11/28
兰登
戛纳
托德
资本
2500
1890
费用
227
300
其他
0
59
实际
预算
我们在预定的成本和时间范围内完成了任务，实现了目标。对变化的接受度非常高，我们的团队成员通过这个项目提高了解决问题的能力。
“天使”小组的胶炉总结
200
210
220
230
95%的置信区间
平均值
中位数
200
202
204
205
208
安德森-达林正态分布检验
A平方 4.00
P值< 0.005
平均值 205.21
标准偏差 10.84
方差 117.54
偏度 1.68565
峰度 1.84444
总体 42
最小值 195.00
四分之一位数 198.75
中位数 201.00
四分之三位数 205.25
最大值 236.00
中位数95%的置信区间
201.84 208.59
中位数95%的置信区间
199.23 204.00
标准偏差95%的置信区间
8.92 13.82
这一风扇使来自加热线圈的热空气进行循环，并且在所有抽屉内保持一致的温度
内部风扇
加热线圈

图8.2 OPPM/A3报告的右侧，使用六西马格方法解决问题

观察——目前的胶炉状况

　　侧面安装的风扇带入了外部空气。外部空气直接吹向加热线圈。热空气上升，并且从顶部的三个孔流出。

思考——在与托德·亨齐的交流过程中，我们想到应该关闭顶部的三个孔，将外部空气排除在外，并且安装一个内部风扇。

实验——测试各个抽屉是否真的保持了一致的温度。平均差异达到了

5~8摄氏度。

验证—可测量——新的设计方案在"天使"和"魔术"小组中测试了3周。没有收到任何抱怨。两个小组的成员都给出了胶固化一致的反馈。

保持（最佳实践—回顾—迁移）——所有徽章小组都得到了重新设计的胶炉。不需要其他培训。目标得以实现并保持。

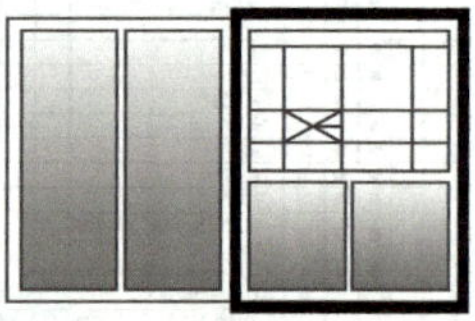

图8.2　OPPM/A3报告的右侧，使用六西马格方法解决问题（续）

礼品包装项目

　　图8.3和图8.4展示了使用OPPM/A3报告解决礼品包装问题。

　　请注意，这份OPPM/A3报告的项目正在进展中，最后的步骤尚未完成。

不完整的订单项目

　　图8.5和图8.6展示了用于解决订单不完整问题的OPPM/A3报告。

观察——背景和现状

目前，常规的礼品包装物品和礼品包装订单造成了许多效率低下的问题。

效率低下问题：

1. 负责礼品包装的人与处理订单的人不是同一个团队的成员，因此对订单缺乏了解。

2. 礼品包装是后续附加工作，在组装货物的地方进行。

观察——目标、目的

1. 消除当前礼品包装方案的低效问题。

2. 研究使礼品包装流程更接近或并入商品团队的方案。

思考——分析

团队讨论了以下几种方案的优点和缺点：把礼品包装并入商品团队、使礼品包装更接近商品团队、移动的礼品包装站。

把礼品包装并入商品团队：优点

1. 商品可直接用于发货

2. 在团队完成包装

3. 减少了交叉运输的工作

4. 没有重复劳动

5. 节约存放空间

6. 增加灵活性（交叉培训）

7. 了解优先订单并采取行动

8. 利用一楼开放空间

9. 提升质量

把礼品包装并入商品团队：缺点

1. 耗时/商品团队产出减少

2. 团队必须持有库存/供应品

3. 团队需要更多的空间

4. 学习曲线

5. 需要交叉培训很多人员

6. 需要寻找方案的弊端

计划和对策（参见 OPPM 报告右侧）

使礼品包装更接近商品团队：优点

1. 利用一楼的开放空间

2. 不会减慢订单生产速度

3. 效果更明显

4. 减少礼品包装的传送带运输

5. 更容易找到方案的弊端

移动的礼品包装站：优点

1. 可以快速加入团队

2. 可移动

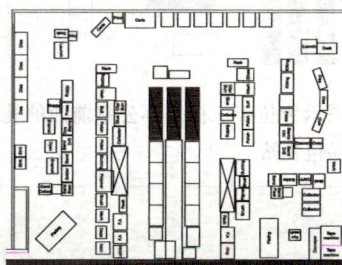

3. 供应品存放在礼品包装站

4. 礼品可直接运送或容易发现弊端

5. 与把礼品包装并入商品团队的优点相同

布莱恩创建了 ADC 二楼的布局图，将礼品包装站设置在北侧的

图8.3　OPPM/A3报告的左侧，解决礼品包装站的问题

会徽团队中：

使礼品包装更接近商品团队：缺点

1. 需要设置分流机制

2. 可能成为瓶颈

3. 需要留有空间 / 用品供给

4. 有很多未知因素

5. 无质量提升

移动的礼品包装站：缺点

1. 可能没有足够的站点

2. 可能会碍事

3. 可能太大，以至于不能设置在团队中

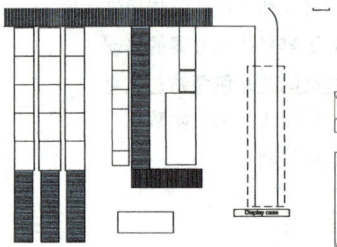

图示为位于二楼东办公室前面的礼品包装站

思考——对策

我们讨论了礼品包装工作台的设计和所需的所有用品。

1. 礼品包装纸——7 种尺寸

2. 塑料袋——6 种尺寸

3. 丝带

4. 剪刀 / 胶带等

阿莱达收集了她曾包装过多少个 52 英寸礼包的数据，两周内只有 10 件。

布莱恩创建了新的工作台布局图，位于珍妮·特比尔的新区域。

斯科特·弗林德斯对布莱恩的设计方案进行了成本估算。工作台尺寸为 42 英寸 × 72 英寸，有一个 52 英寸的旋转支架，适合大型礼品包装。

请注意 3 个成本估算。

1. 没有制动器（750 美元）；

2. 只有 1 个制动器，工作台可能无法像有 2 个制动器那样稳定（1200 美元）；

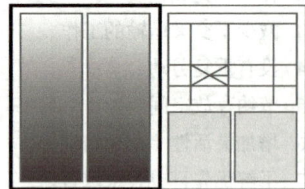

图8.3　OPPM/A3报告的左侧，解决礼品包装站的问题（续）

项目经理: 托尼·摩根		项目名称: 礼品包装（ADC极致改造）	日期: 2008年11月25日

项目目标: 研究新礼品包装布局的方案，以提高效率

图8.4 OPPM/A3报告的右侧，解决礼品包装站的问题

礼品包装卷工作台

供应组织

3. 具有 2 个制动器，有助于稳定由于重量引起的上下位移（1700 美元）
4. 150 美元的附加费用将用于支付各种用品

5. 吉姆将关注切割机的成本，以减少剪刀的使用

实验——进展（2009 年 3 月 13 日）

我们正在建造一个内置的原型工作台，它可以在商品团队中使用。构建这个工作台时没加制动器，但将来可能会连接一个（制动器已经就绪）。礼品包装工作台不是固定的，以便于移动。大约完成日期为 2009 年 3 月 18 日。我们将测试这个工作台，以确保团队成员对设计满意。

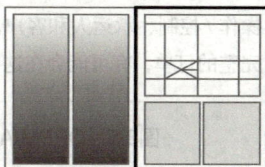

观察——背景

制造商面临的最大的客户退货问题源于不完整的订单。

观察——现状

1. 当整体打包作为礼品的物品时，当前的流程会出现错误

2. 团队成员没有检查礼品是否全部到位

3. 贯穿所有总装团队的流程不是标准化的

4. 礼品的原始包装设计未考虑可以增加其他物品

思考——目标和目的

减少 50% 不完整的订单

思考——分析

1. 关注未随礼品放置徽章 / 饰物的情况（为丢失徽章创建处理程序）

2. 理解不完整订单是如何创建的（为戴安娜团队创建一个简单的价值流图）

3. 进行头脑风暴，识别问题的原因（抛弃任何限制和文书工作，最重要的假设是培训）

4. 进行头脑风暴，测试解决方案（暂缓至 12 月，以便促进者和团队成员有时间在各自的团队中安排此工作）

5. 创建文档以标准化整个装配过程

6. 根据更新的培训计划培训团队成员

7. 收集过程中的数据，以验证想法

我们关注以下 4 个方面：最终装配、操作 / 控制、承运人和客户。创建不完整的订单，有可能会在这些地方发生。为了解决所有这些问题，

该团队被分为两个项目团队：

项目团队 1——洛里、戴安娜、萨伦和托尼将解决最终装配过程的标准化问题；

项目团队 2——托尼、茉莉、赛琳娜和尼尔曼将解决标签问题，定义需求并标准化。

实验——进展

团队考虑尝试一些想法，试图找出根本原因。

1. 萨伦的商品团队将对其所有已售出产品（有徽章 / 饰物的）进行包装。2009-1-23

2. 法比奥的商品团队将在装盒时使用密封胶带。2009-1-30

3. 戴安娜的商品团队将使用橙色塑料袋来放置他们的徽章 / 饰物。（塑料袋已经订货，2 周内可到）

4. SDC 将使用贴在产品上的打印卡提醒客户包装内有徽章。2009-1-29

我们将试验这些想法，并观察数据，看看结果如何。

2009 年 2 月 26 日，橙色塑料袋到了。我们将开始在戴安娜团队（特工队）和 SDC 中使用它们。

使用橙色塑料袋，可使我们放置在供应商包装中的物品对接收者来说

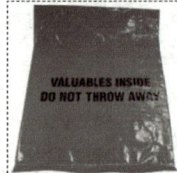

图8.5　OPPM/A3报告的左侧，解决不完整订单的问题

更显而易见。

实验——回顾

　　正在收集的数据表明，萨伦的ADC4团队自从开始使用徽章/饰物进行包装测试以来，没有出现不完整的订单。这意味着徽章/饰物不放在供应商的包装内，而是分开放置，这样盒子一打开就可以看到它们。这使得出了以下初步设想。

　　作为一家公司，我们没有与客户和收件人沟通徽章是如何包装和送达的。因此，我们的客户/收件人并不知道，作为礼品的徽章/饰物在供应商的包装里。

　　一位收件人在家打开礼品盒子时并不知道徽章在包装内，于是扔掉徽章/饰物及其他包装材料。

　　一名管理员没有打开礼品盒子，将其搁置一旁，等待周年庆祝活动。这个管理员自然认为徽章/饰物没有发给他，因为他们不知道它在礼品盒子（供应商包装）里。

　　此时，收件人/管理员将联系我们说徽章/饰物没收到，并要求发个新的。毫无疑问，我们将通过修改订单创建一个新的徽章/饰物订单，因为我们大部分负责销售和客户关系的员工不知道徽章/饰物是如何包装的。

　　当收件人或管理员最终意识到徽章/饰物就在盒子里时，我们已经又发送了一个，这样他们现在手里就有2个。一些人寄回最开始的徽章/饰物（占20%），而其他人会保留下来。保留额外徽章/饰物的人之所以这样做，是因为他们不想打电话走流程，承认搞错了，或者他们不想找麻烦，处理文件和寄回等事。

实验——回顾

　　经过更多测试后，我们将确定首选方案及其相关成本。在审查数据后，我们担心数据不准确。我们将定义和完善我们的指标，以确保数据是正确的，并能反映我们的真实情况。

验证——成功的措施 2009-3-30

　　经过数月的数据/测试，证明了当我们不把徽章/饰物放在礼品包装内时，收件人和管理员都能够看到。我们实际上通过以下措施，消除了缺少徽章的不完整的商品订单：

旧方法：将徽章/饰物和附属材料直接插入产品包装中，并按原样发运。

新的ADC流程：把徽章/饰物和附属材料放置在袋子中，粘贴在产品包装外面，然后，将物品放入一个盒子中进行二次包装。

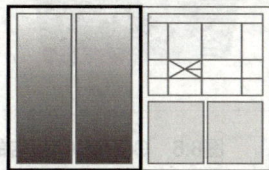

图8.5　OPPM/A3报告的左侧，解决不完整订单的问题（续）

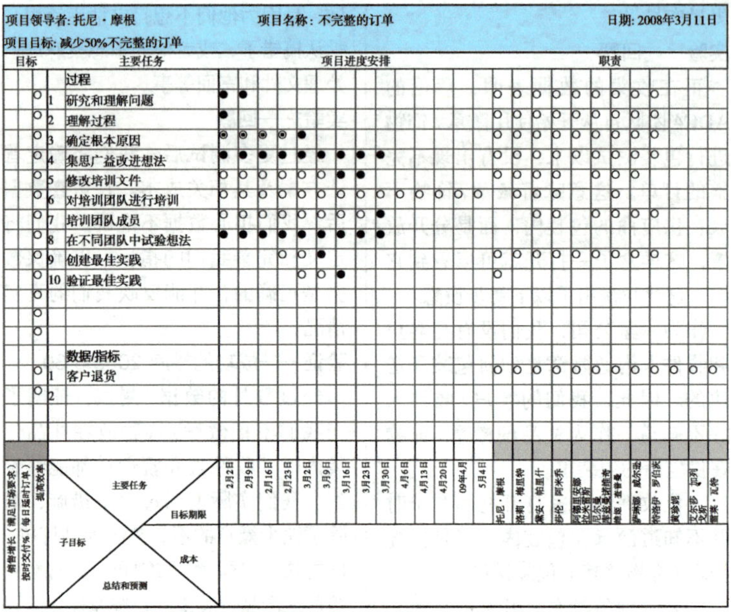
项目领导者: 托尼 · 摩根
项目名称: 不完整的订单
日期: 2008年3月11日
项目目标: 减少50%不完整的订单
目标
主要任务
项目进度安排
职责
过程
1 研究和理解问题
2 理解过程
3 确定根本原因
4 集思广益改进想法
5 修改培训文件
6 对培训团队进行培训
7 培训团队成员
8 在不同团队中试验想法
9 创建最佳实践
10 验证最佳实践
数据/指标
1 客户退货
2
销售增长（满足市场要求）
按时交付%（每日延时订单）
提高效率
主要任务
目标期限
子目标
成本
总结和预测
2月2日
2月9日
2月16日
2月23日
3月2日
3月9日
3月16日
3月23日
3月30日
4月6日
4月13日
4月20日
09年4月
5月4日
托尼 · 摩根
洛莉 · 梅里特
黛安 · 帕里什
莎伦 · 阿米乔
萨琳娜 · 威尔逊
特洛伊 · 罗伯茨
黄珍妮
雷莱 · 瓦特

在 SDC 中，如果产品对于外包装箱来说太大，我们将把徽章 / 饰物和附属材料放入一个塑料袋中，用胶带将袋子固定在产品包装内，并在包括该信息的装箱单上盖章。

* 请注意 *
附加的物品封装在产品包装内。

然后，我们将把装箱单放置在装箱单夹子内，并将其粘贴在外包装箱上。

验证——测量

因减少退货节约了成本，以及不用打开产品包装节省了劳力，这两项节约合计起来，每年共有 14.2 万美元。每年重复包装礼品的附加成本为 14.5 万美元。

正如你看到的，节约和付出的成

图8.6　OPPM/A3报告的右侧，解决不完整订单的问题

本持平。

但是，客户关怀和经营卓越是"无价的"，缺少徽章导致的不完整订单及客户退货问题已经解决。过去6周的数据表明，丢失徽章的唯一退货源自改进之前的流程。

保持

流程已改进并记录在案。商品流

程培训师将对所有首次学习新包装流程的团队成员进行培训。流程审核和重新认证也将由流程负责人主导完成。

我们正在关闭商品未完成订单的项目，并将为处理证书、配件的未完成订单启动另一个 CAPA 项目。

图8.6　OPPM/A3报告的右侧，解决不完整订单的问题（续）

解决问题的最佳实践是坚持科学方法。科学方法的表述方式因使用者而异。表8.1比较了不同的方法的术语。

表 8.1　科学方法术语对照表

方法	术语				
STEPS	观察	思考	实验	验证	保持
科学方法	观察	假设	预测	实验	
DMAIC	定义	测量	分析	改进	控制
最常见的	背景	现状目标/指标	分析	对策	后续步骤

用于描述科学方法的措辞并不重要。

将戴明的PDCA循环贯彻到我们解决问题的过程中，更重要的是，根植于我们的思维中，这一点至关重要。正是通过这种想法，我们将自己置于一种持续改进的状态中。你可能已经注意到，在最后一份OPPM/A3报告（不完整订单）的结尾处显示，团队已经决定在处理不完整商品订单所获经验的基础上进行后续改进。几乎所有有效执行的OPPM/A3报告的改进工作，都会带来更进一步的改进努力。

附录A   A3报告的起源和纸张尺寸

A3报告是在尺寸为A3的纸张上完成的。丰田的A3报告是写在A3国际标准尺寸纸张上的，并因此被命名为A3。然而，在整个丰田和其他精益企业中，A3也指管理流程，A3报告本身是一个方法论的核心工具，为创新、规划和问题解决建立标准方法，并为分享更广泛、更深入的思维方式构建基础结构[1]。选择这个特殊尺寸纸张的原因可能是，所有必要的决策信息都需要在一张纸上呈现，并且A3是传真机可用的最大尺寸[2]。

我们尝试展示OPPM是如何完善A3报告的，以及OPPM/A3报告是如何成为推动战略和解决问题的精益工具的。对于"更深入的研究"和更高级的A3学习，我们强烈推荐以下两本书：

1.《理解A3思维》，作者：杜沃德·K. 索贝克和阿特·斯莫利。

---

1   John Shook, Managing to Learn, using the A3 management process to solve problems, gain agreement, mentor, and lead (Cambridge, MA: Lean Enterprise Institute, Inc. 2008) p. 1.

2   Jeffrey K. Liker, *The Toyota Way* (New York, NY: McGraw-Hill 2004) p. 157

2.《学习型管理》，作者：约翰·舒克。

国际纸张尺寸标准ISO 216是基于1922年德国的DIN467号标准。该标准指定了全球统一的通用纸张尺寸，并规定了三种格式，分别标记为A系列、B系列和C系列。日本的JIS P 0138-61标准定义了与ISO 216相同的A系列。A3纸张尺寸的定义方式与ISO和JIS都相同。

A系列包括基于公制的纸张尺寸，从格式A0开始，然后尺寸从A1减少至A10。最大尺寸A0的面积固定在1平方米，宽长比为$1:\sqrt{2}$。减少至下一个较小尺寸（如从A0到A1）的数学原理是，把宽长比为$1:\sqrt{2}$的矩形，平行于较短边对折时，得到两个新的较小的矩形，每个都仍将保留原来的宽长比。

宽长比必须保持$1:\sqrt{2}$的比率，这是按如下方法计算的，如图A.1所示，如果一个矩形，长为x，宽为y，被对折平分，将得到一个更小的矩形，长为y，宽为$x/2$；对于较大和较小的矩形而言，长宽比是一样的，即$x/y=y/(x/2)$，经过变形推导出$x=\sqrt{2}y$，这意味着长是宽的$\sqrt{2}$或1.4142倍。

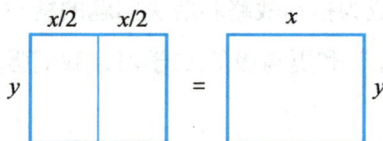

图A.1　等分矩形

如果A0尺寸的面积（x乘以y）规定为1平方米（或1000000平方毫米），并且两条边之间的关系为$x=\sqrt{2}y$，那么可以通过求解两个二元方程来计算A0每条边的长度。如果$xy=1000000$，且$x=\sqrt{2}y$，则通过代入可求得，$y=(\sqrt{1000000/\sqrt{2}})$=841毫米，$x=\sqrt{2}$（841）=1189毫米。

大多数国家都采用了ISO 216标准，美国和加拿大没有采用。美国的"Letter"纸张大小接近A4，"Ledger"纸张大小接近A3。换算成英寸，A3是11.7英寸×16.5英寸。因此，在美国，大多数A3报告都是使用11.7英寸×16.5英寸的"Ledger"大小的纸张编制的，要比国际A3纸张尺寸稍长、稍窄一些。图A.2列出了A系列纸张的尺寸。

ISO 216 A 系列	mm × mm
A0	841 × 1189
A1	594 × 841
A2	420 × 594
A3	297 × 420
A4	210 × 297
A5	148 × 210
A6	105 × 148
A7	74 × 105
A8	52 × 74
A9	37 × 52
A10	26 × 37

左边的表以公制毫米为单位显示了A系列纸张的尺寸。可以看出，A3是将A2平分后的尺寸。A3的长度等于A2的宽度，A3的宽度是A2长度的一半。表中上下纸张都保持这个比例关系。此外，所有尺寸的长度除以宽度都是$\sqrt{2}$（1.4142）。正如我们在本书中所建议的，图片通常是展示复杂数据和想法的最简单、最强大的方式。为此，图A.3清楚地显示了每种递减尺寸纸张的平分关系。

图A.2 A系列纸张的尺寸

最后，我们鼓励在可能的情况下尽量使用图表，我们鼓励简单。索贝克和斯莫利的建议是谨慎的，并与我们的经验相符，"避免突然强制撰写A3报告的陷阱；相反，将重点放在执行、改进和学习上，而不是遵循模板、工具或程序。"[3]

3　Durward K. Sobek II and Art Smalley, Understanding A3 Thinking (Boca Raton,FL: Productivity Press, 2008) p. 133

图A.3展示了A系列纸张的关系。

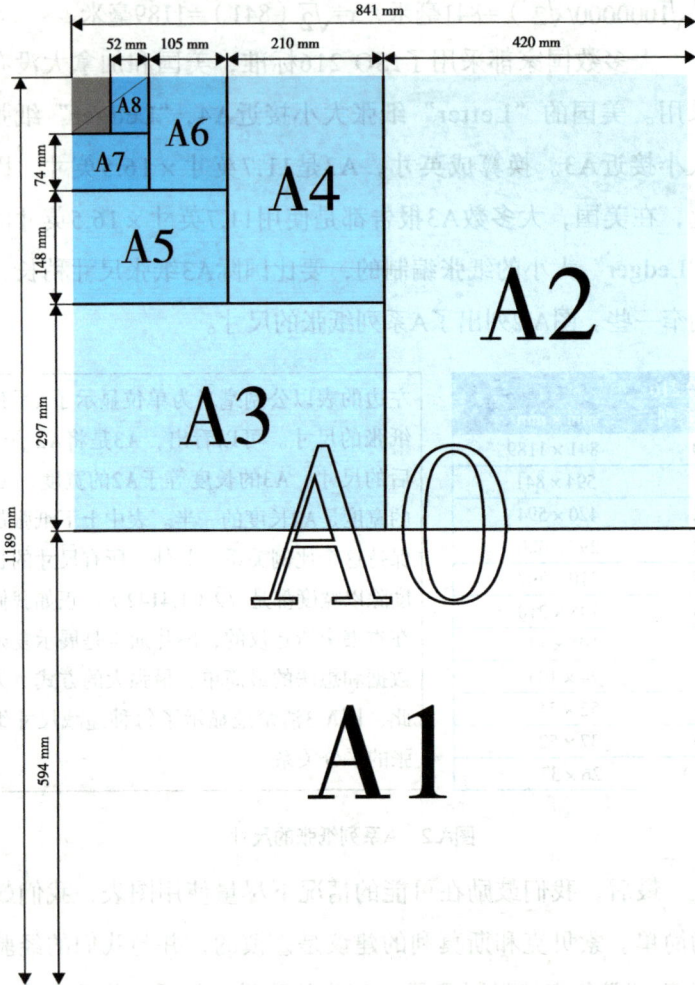

图A.3　A系列纸张的关系

附录B 丰田的业务系统与精益思想

只用几页纸来讲清楚丰田的原则是不可能的，本附录也并不打算这样做。本附录是为不熟悉丰田业务系统原则的读者编写的，尤其是那些对OPPM/A3报告最重要的原则。对于那些稍微熟悉这些原则的读者来说，本附录还可以作为一份回顾材料。

丰田之路 2001

多年来，丰田一直将丰田的原则、实践和工具作为丰田生产系统（TPS）进行介绍。丰田生产系统为丰田员工及外部人员提供了丰田运作方式的定义、框架，使人们对其有了基本理解。随着丰田开始在其他国家投入建设，TPS除包括经营定义外，显然还需要包括文化定义或文化视角。

为什么需要文化定义？与许多人的想法相反，TPS（精益）需要更多地依赖人，而不是更少。丰田系统建立在人的基础上，而任何人的群体都会带来某种形式的文化。

　　为一个组织定义文化并非易事。经过多年的努力，丰田发布了"丰田之路2001"，提供了一个扩展的文化定义。这份文件阐述了丰田系统的基本原则、价值观、信念和实践，通常被称为"丰田之路"。文件标题包含了年份（2001年），以此表明对丰田之路的这一定义是他们截止到2001年对其系统的最佳理解和总结。2001年与其说是文件的发布日期，不如说是为了阐明这个系统以及他们对系统的理解仍将不断地发展。

　　和丰田生产系统一样，"丰田之路2001"通常用一栋带两个支柱的房屋来描述。这两个支柱上分别标有"持续改进"和"尊重他人"（见图B.1）。许多美国公司已经做出巨大努力来应用持续改进的实践，但大多数公司都没有对"尊重他人"这一支柱给予重要或严肃的思考。

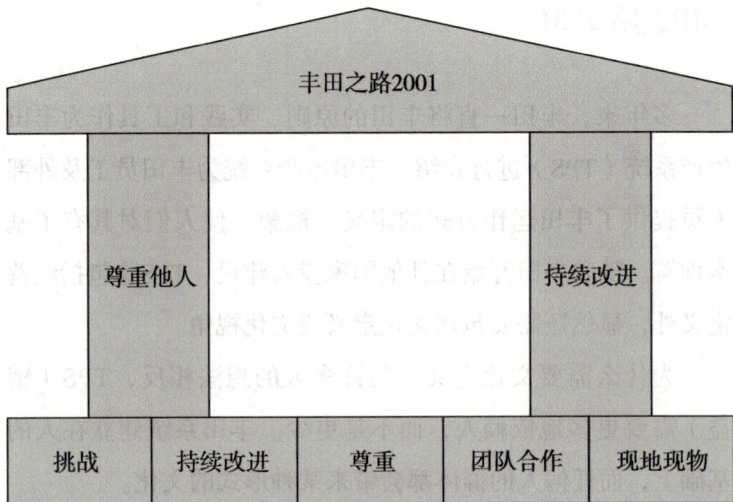

图B.1　丰田房屋

持续改进和尊重他人

尽管这两个支柱被绘制成单独的实体，但这两个支柱是紧密联系的。持续改进（两大支柱之一）需要高水平的问题解决能力。解决问题的活动是由人来完成的。我们能给予任何人的最高层级的尊重（两大支柱的另一个，尊重他人），就是我们能够花时间努力教别人如何成为一个出色的问题解决者。

为什么这就是尊重呢？当我们牺牲自己的时间，努力教会他人时，我们就会把自己的需求放在他人需求之后——我们会优先考虑他人的需求。

当我们教他人如何解决问题时，我们也在传达对那个人的信任。我们在表达，我们相信他们的能力，我们重视他们的思想和贡献。

《韦氏词典》

此外，当感到自己在做出贡献时，人们最投入，也最能获得满足感。我们最大的贡献感来自我们解决了一个问题——我们运用了创造性思维，而不仅仅是体力。让我们的员工有机会解决问题，表明我们对他们的才能和能力的欣赏与尊重。这展示了对人及其创造力的真诚尊重和欣赏。

另一个支柱持续改进是通过解决问题来进行增量改进。尊重他人这一支柱主要是教我们的员工如何解决问题。丰田系统不能没有这两个支柱，而其中任何一个支柱缺失，另一个支柱都不能完整地存在。A3报告和OPPM就是帮助我们构建"丰田（精益）房屋"的工具。

教人们如何解决问题的另一个好处是，我们赋予了一个人一生中最需要的一种能力。我们的成功很大程度上与我们解决问题的能力有关。那些能够快速解决问题的人会获得成功。那些不能解决问题的人失败了。公司也是如此。在当今的商业世界中，我们的成功在很大程度上依赖于我们的员工解决问题的能力。

可见性

能否获取信息是区分管理层与非管理层的一个重要因素。管理层可以随时访问组织内的所有信息。非管理层的人获得的信息相对较少，甚至几乎无法获得。由于许多原因，管理层倾向于非常严密地把守组织的信息，其中许多原因是不合理的。没有信息能解决问题吗？没有信息可以理解问题吗？在没有信息的情况下想看清楚问题，这有可能吗？不，我们需要信息来解决问题，而这些信息通常被限制在管理层内部。考虑到这点，在很大程度上，只有管理层才真正能够解决问题。

然而，我们生活在一个加速变革的世界。需要解决的问题的数量也在快速增长。管理层中的少数人不可能解决我们所有的问题，因此，组织中的每个人都必须以某种方式在某种程度上参与到我们解决问题的努力中来。我们越能够利用组织中所有人的集体创造力，我们的竞争力就越强，随着时间的推移，我们就越有能力主导我们的行业。利用员工集体创造力的出发点，就是非常开放地共享和交流所有的组织信息。我们必须使我们的信息可见。OPPM/A3报告以一种促进沟通的方式使我们的信息和努力显而易见。

需要公开的信息不仅仅是绩效数据。我们还必须让员工了解组织的战略目标、竞争对手的数据、与法定要求相关的变化信息、市场营销信息、客户的去留及原因、我们存在的问题、我们在解决这些问题方面的进展、利润和亏损，以及与组织成功相关的所有其他信息。我们不仅必须使其随时可用（可见），而且必须教会我们的员工，如何理解和使用这些信息，从而提高这些信息的可见性。当这样做时，我们使组织中的每个人都能够更多地参与到问题解决的过程中。可见性是真正授权的一个重要因素。

我们的大部分信息由结果组成，如月底、季度末的报告，或者不太频繁的信息，这些信息都缺乏可见性。远离事件的结果信息，有点像通过后视镜驾驶汽车前进。这些信息不能为我们提供驾驶汽车所需的可见性。因此，我们不仅必须使组织的所有员工都能随时获得我们的信息，而且必须改进信息。信息应尽可能实时传递，我们在时间和距离上越接近一个问题，它就越容易被解决，我们的解决方案就越好。信息的及时性等同于可见性。

现地现物

我们的许多信息通常来自现场直接观察问题所得。我们去问题发生的现场，找出事实，以便做出正确的决定。为了达成共识并最大限度地获得认同，我们也需要深入问题的现场。日本人把这称为现地现物，可以粗略地翻译为"自己去看看"。或者换句话说，"离开座位，走出办公室，自己去看看到底发生了什么"。

这是一个重要的原则，因为当信息在脱离环境的情况下被汇报时，往往会被删减。当听到或读到信息时，我们往往根据自己的经验来解读它。每个人所拥有的经验不同，所以每个接收信息的人对信息的理解也不同。然而，当我们亲眼看到或亲身经历一个问题时，我们每个人看到和经历的都是同一件事。即使如此，我们的理解也可能会有所不同，但这种差异不会达到没有亲眼看到和亲身经历时那么大的程度。

现地现物的实践提高了可见性和理解力。

领导力

精益领导不是命令和控制，而是放手和支持。精益领导者是导师、教师和向导。精益领导者深入地参与到组织的问题解决和持续改进工作中去。然而，这种参与和我们通常所说的管理是非常不一样的。

领导者将帮助团队或个人构建定义问题和解决问题的步骤，但不会参与到完成这些步骤的实际思考和工作中去。甚至，领导者连问题和步骤的定义都不会给出，而是通过一系列巧妙的问题来引导，这些问题有助于人们在解决问题的过程中更清晰地看到和思考问题。史蒂文·J. 斯皮尔在他的《过程改进能力建设：结构化解决问题的技能训练》一书中给出了这种领导力方法的很好的例子。

　　领导者将积极参与提供团队所需但自身无法获得的资源（其他领域的支持、材料等），当团队遇到障碍或开始偏离轨道时，精益领导者将再次介入，并通过一系列巧妙的问题（苏格拉底式的提问方法）帮助团队重新找到动力和方向。

　　领导者的大部分工作是指导和教学，以培养每个人解决手头问题的能力。领导者甚至可能允许那些参与问题解决的人犯错误，或者尝试（实验）领导者已经测试过并发现没有价值的想法。这也是本着学习的精神进行的。如果团队或个人经历了失败，那么领导者将再次提问，以确保大家确实从中学到了东西。

　　总之，精益领导者关注他所负责的员工的成功。在精益的世界里，我们相信几乎每个人都想把工作做好。管理层的工作就是帮助他们不失败。当员工确实失败时，失败的原因几乎总是可以归于管理层制定的流程和系统。

　　OPPM/A3报告是一个出色的工具，可以清楚地沟通手头的问题和相关的重要问题。它有助于团队成员和管理层对问题、解决方案、工作进展、学习和未来方向获得清晰、简洁的理解。这两种工具都促进和营造了持续改进和尊重他人的环境与文化。

附录C 关键路径法和挣值管理

从项目管理行业一开始，两个优雅、简单又具有丰富意义的工具就已经成为项目管理的一部分：

1. 关键路径法（Critical Path Method，CPM）
2. 挣值管理（Earned Value Management，EVM）

关键路径法

CPM由杜邦公司在20世纪50年代提出。CPM的目标是用于计算和沟通一个项目可能的最短完成时间，并突出展示那些关键任务，一旦它们延迟，整个项目就将延误。

挣值管理

EVM出现于20世纪60年代，当时美国国防部使用35项标准建立了一种计算和沟通方法。行业现已将EVM编入ANSI EIA 748-A标准。计算可能很复杂，但其目的是通过简单的挣值与计划和实际绩效的比较，来评估和推动在项目范围、进度和成本方面的改进。

项目从业者，尤其是通过项目管理协会（Project Management Institute，PMI）认证为项目管理专业人员（Project Management Professional，PMP）的项目从业者，非常熟悉CPM和EVM的特征、要求、公式和计算，以及它们的优缺点。我们把CPM、EVM加入附录，并非为了教授或宣传，而是为了说明项目经理是如何将这些指标纳入OPPM中的。

OPPM强大的视觉特性与CPM或EVM相结合，为报告增加了具体的早期预警信息。多年来，项目经理与我们分享了实现这一目标的各种方法。

OPPM 中的关键路径

根据设计，OPPM的任务并不显示依赖关系；因此，关键路径并不明显。经验表明，完整的PERT图和工作分解结构的图形化网络图，虽然对项目经理来说是必不可少的，但往往会带来过度的信息，因此不会用来与重要的干系人沟通。

然而，简单的OPPM可被用来突出关键路径。我们所见过的最简单、最清晰的方法，是用红色字体标记关键路径上的主要任务的任务编号（位于每个主要任务的最左侧）。阅读OPPM的人很容易看出，哪些任务是按时完成的，哪些提前了，哪些落后了。参考任务编号的颜色，就能看出该任务是否为关键任务，以及它的延误是否会影响整个项目的进度。

强大的OPPM应在没有过多解释的情况下也能被理解。

当报告很直观，不需要过多说明时，就能够用来与最广泛的受众进行最好的沟通。红色编号方法之所以有效，是因为那些理解并需要CPM数据的人，知道如何解读这些信息。对于其他人来说，这个方法也并不会使OPPM显得很混乱。

OPPM 中的挣值

在OPPM右下部分，有一个表示项目总成本的条形图。实际成本以金额和颜色展示，表明超支的严重程度。（参见第2章）如果没有OPPM中部显示的进度绩效，成本比较图就不足以说明问题，因为只有这些数据，你不知道在计划支出下，你是否得到了你想要的价值（范围和时间）。

似乎低于预算是个好消息，但它可能真的是个坏消息，因为支出的减少主要源于工作的延迟。或者，明显超出预算的坏消息可能真的是好消息，如果额外支出源于在比原计划更短的时间内完成了更多的项目范围内的工作的话。

挣值管理通过简单地比较挣值和计划值来解决这些问题。

遗憾的是，了解EVM的高管和项目干系人相对较少。我们推荐一本令人愉快的书，该书将EVM的必备条件和好处等复杂内容讲述得简单易懂，同时再推荐另一本深度教程。

1.《项目管理：常规方法——用挣值平衡三重约束》（第3版），作者李·R.兰伯特和兰伯特·艾琳。

2.《挣值项目管理》（第3版），作者昆汀·弗莱明和科伯·曼乔尔。

因此，我们不在此讨论挣值计算的方法和基本要素。OPPM右下角的成本部分是显示挣值比较的地方。我们在OPPM上看到的可视化的、清晰的挣值描述图是三个堆叠的水平条形图。一个表示实际工作花费的实际成本（Actual Cost，AC），一个表示计划工作所需的计划成本（PV），另一个表示实际工作所需的计划成本（EV）。

通过比较EV和PV，可以得到进度偏差。成本偏差是通过比较EV和AC得到。最后，EV条形图用颜色表示——绿色为可接受的值，黄色为不太大的负偏差，红色为不可接受的负偏差。

正如前面所警告的，你应该小心不要把OPPM弄得杂乱无章，不过我们发现成本绩效指数（Cost Performance Index，CPI）和进度绩效指数（Schedule Performance Index，SPI）是有实际价值的：

$$CPI = EV/AC \quad SPI = EV/PV$$

对于定性的主要任务，在每个报告期内给出颜色标识——当值大于1时为绿色，当值小于1时为黄色或红色。

最后强调一下，要谨慎。OPPM的威力在于，任何熟悉它的人都可以立即阅读，并得到它所包含的重要信息。OPPM越简单，项目的部署和项目绩效的沟通就越成功。作为一名成功的项目经理，你天生就应注重细节。长期以来，专注于细节一直是你成功的重要因素。你跟进事情的进展，你可以很容易地绘制图表，测量数据，你知道并理解各种细节，但是你要与自己的复杂倾向做斗争，因为过多的信息容易使

OPPM变得过于复杂。

开始时，让OPPM尽可能简单和一致，会让人觉得违反直觉，但是相信我们：工具越简单，你的项目就越容易成功。只有当你真的使用CPM或EVM，以及能够高效地获得这些数据，同时与你沟通的人也想看到它并且明白它的意义时，才有必要添加CPM或EVM。